La lettre A

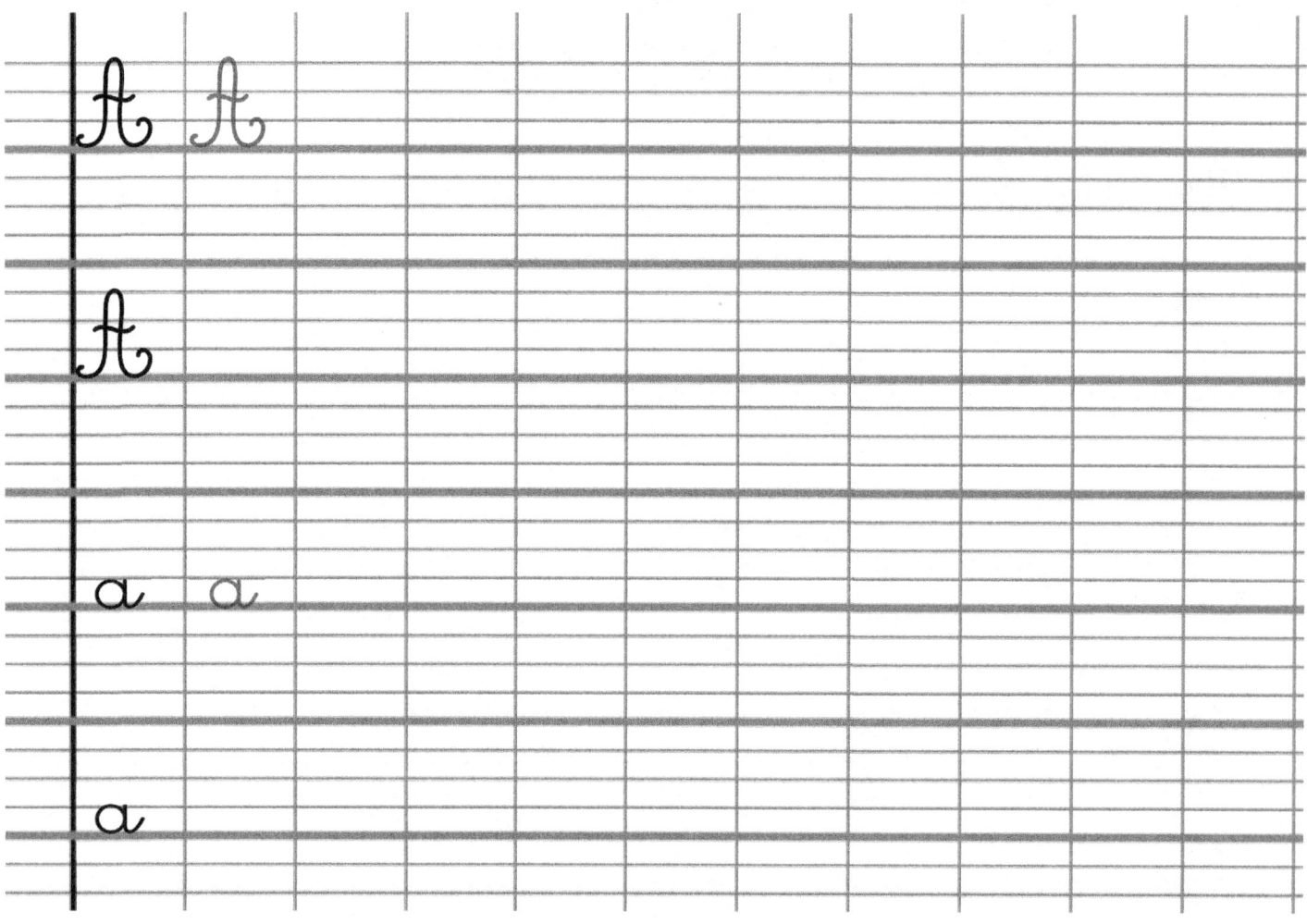

𝒜 𝒜

𝒜

𝒜

𝒜

a a

a

a

a

La lettre B

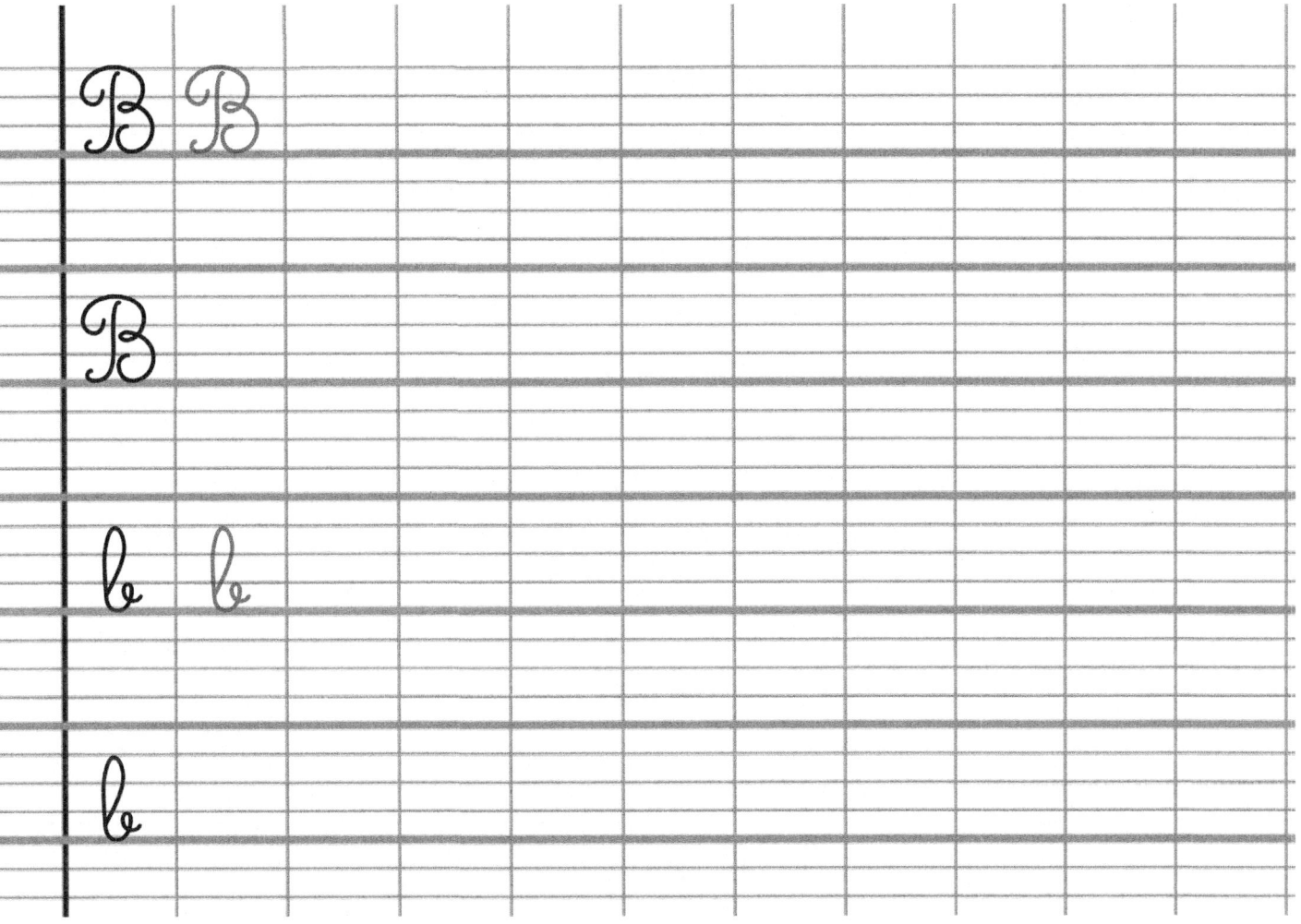

ℬ ℬ

ℬ

ℬ

ℬ

b b

b

b

b

La lettre C

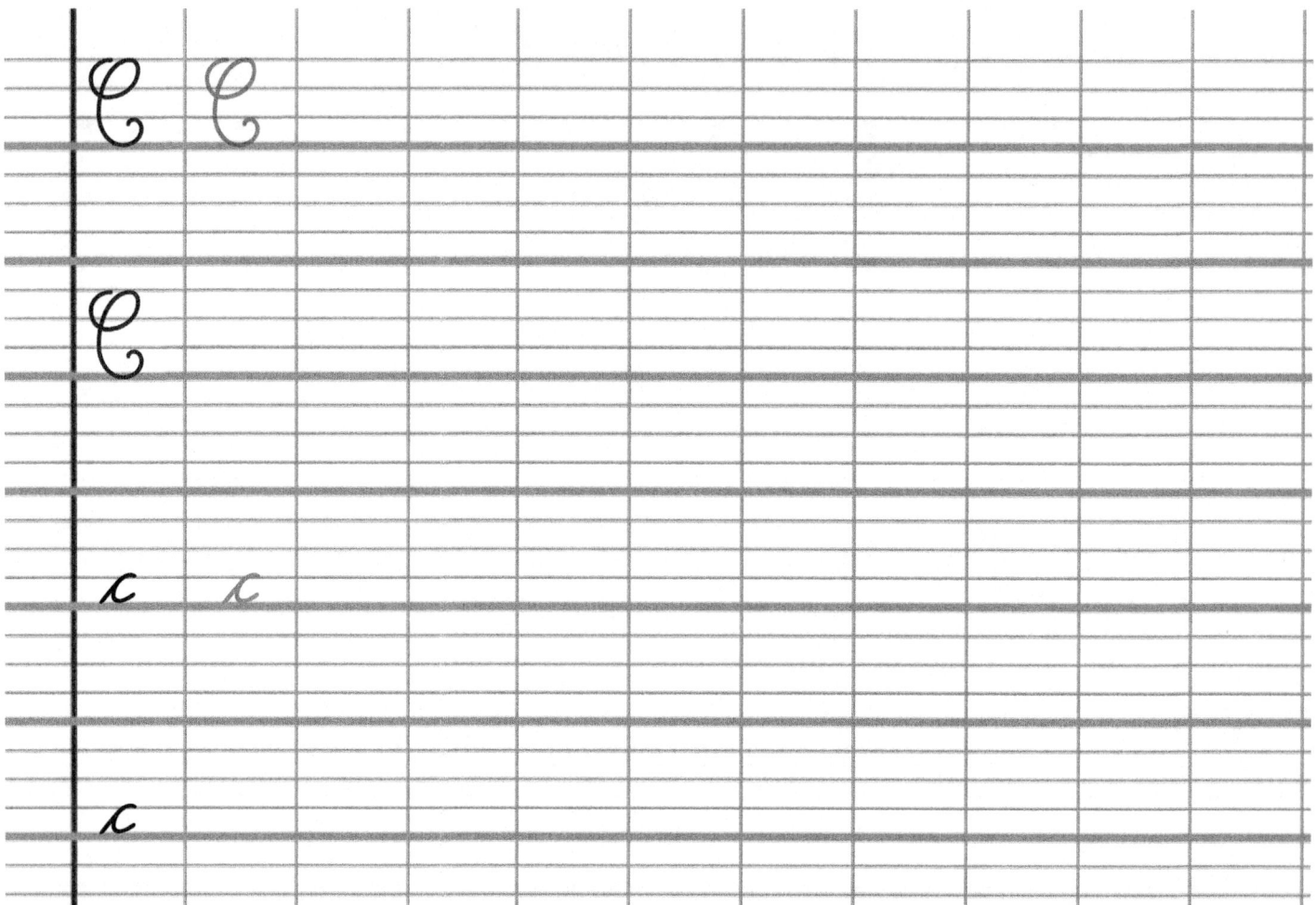

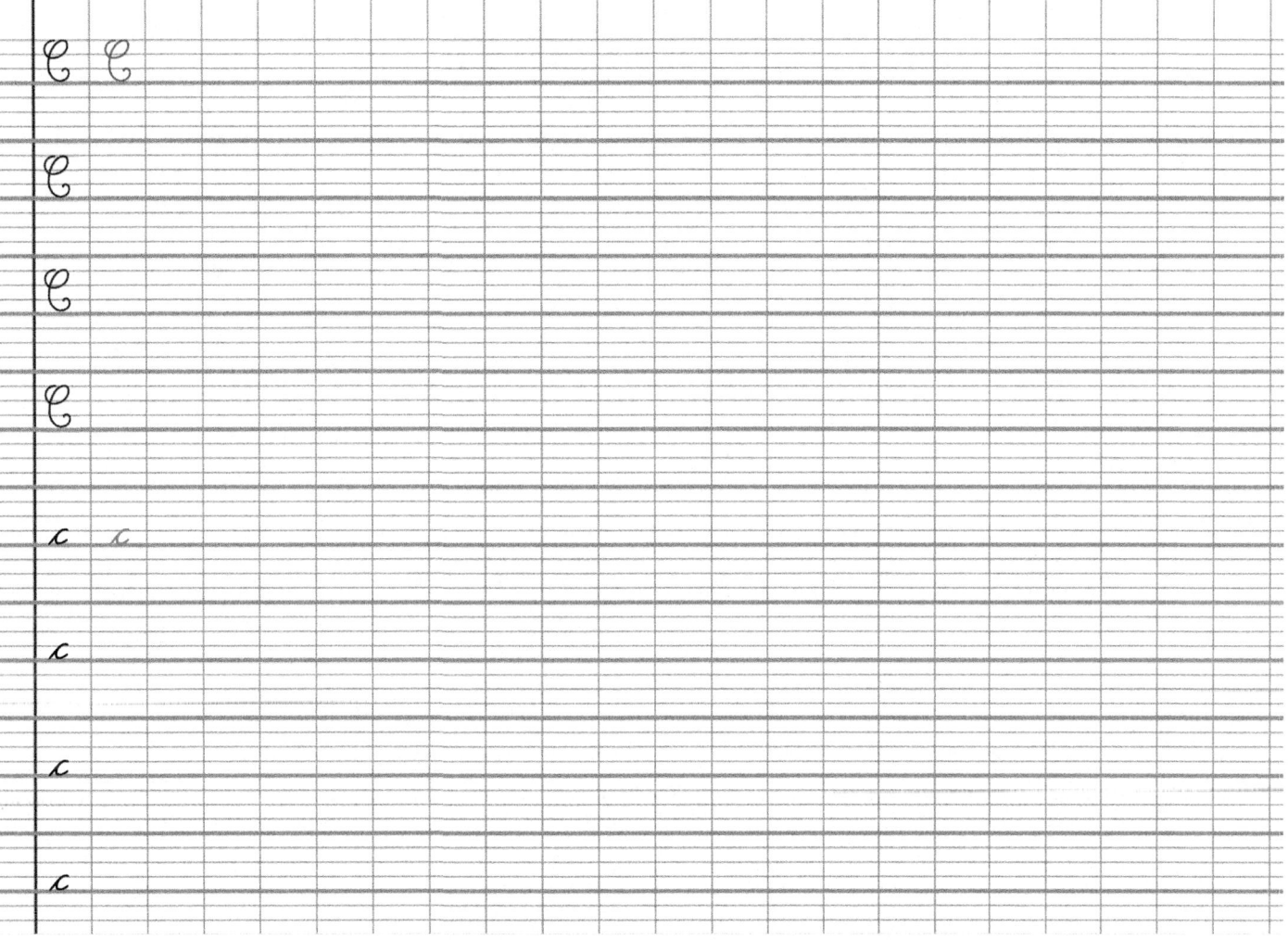

La lettre D

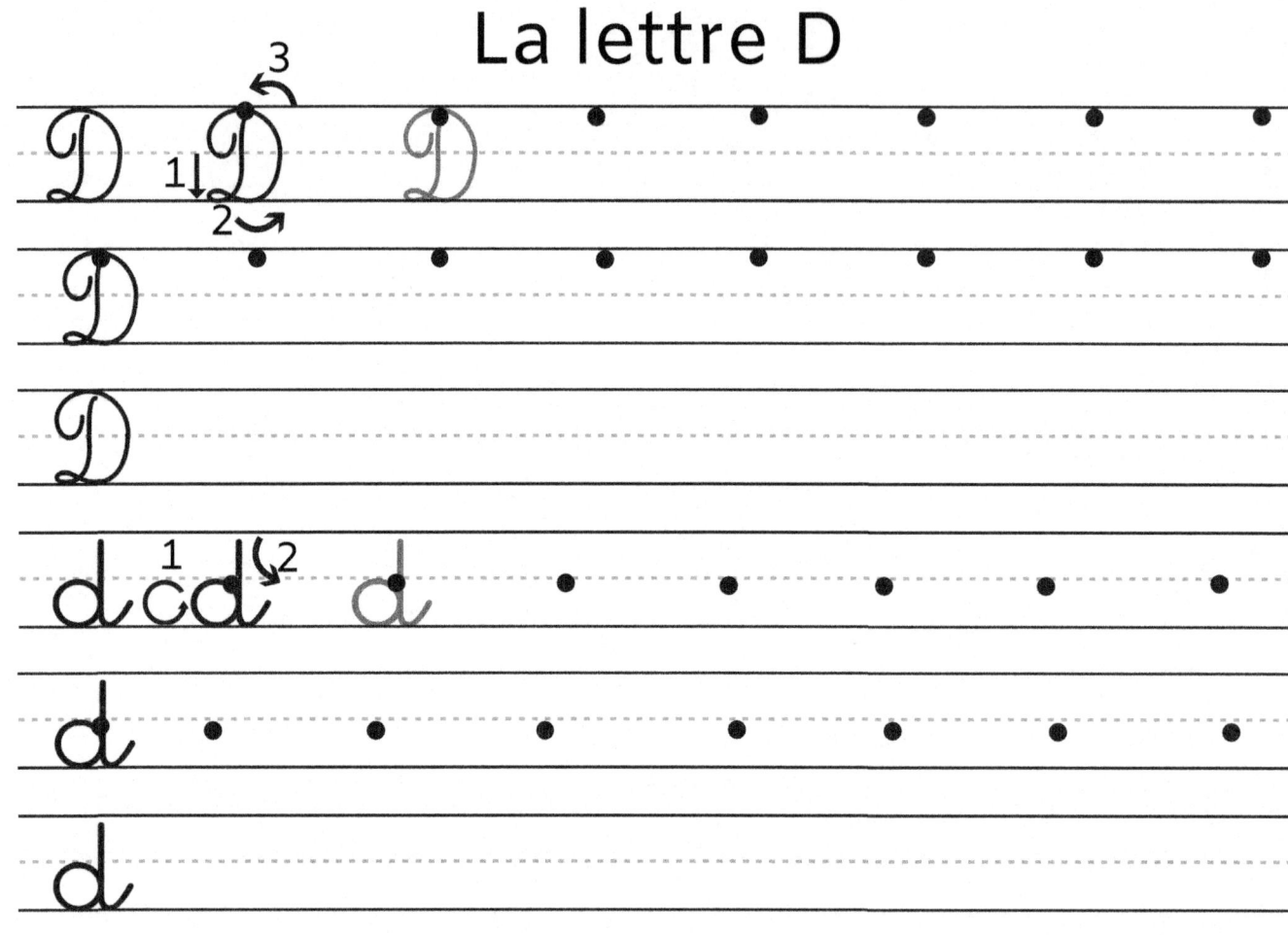

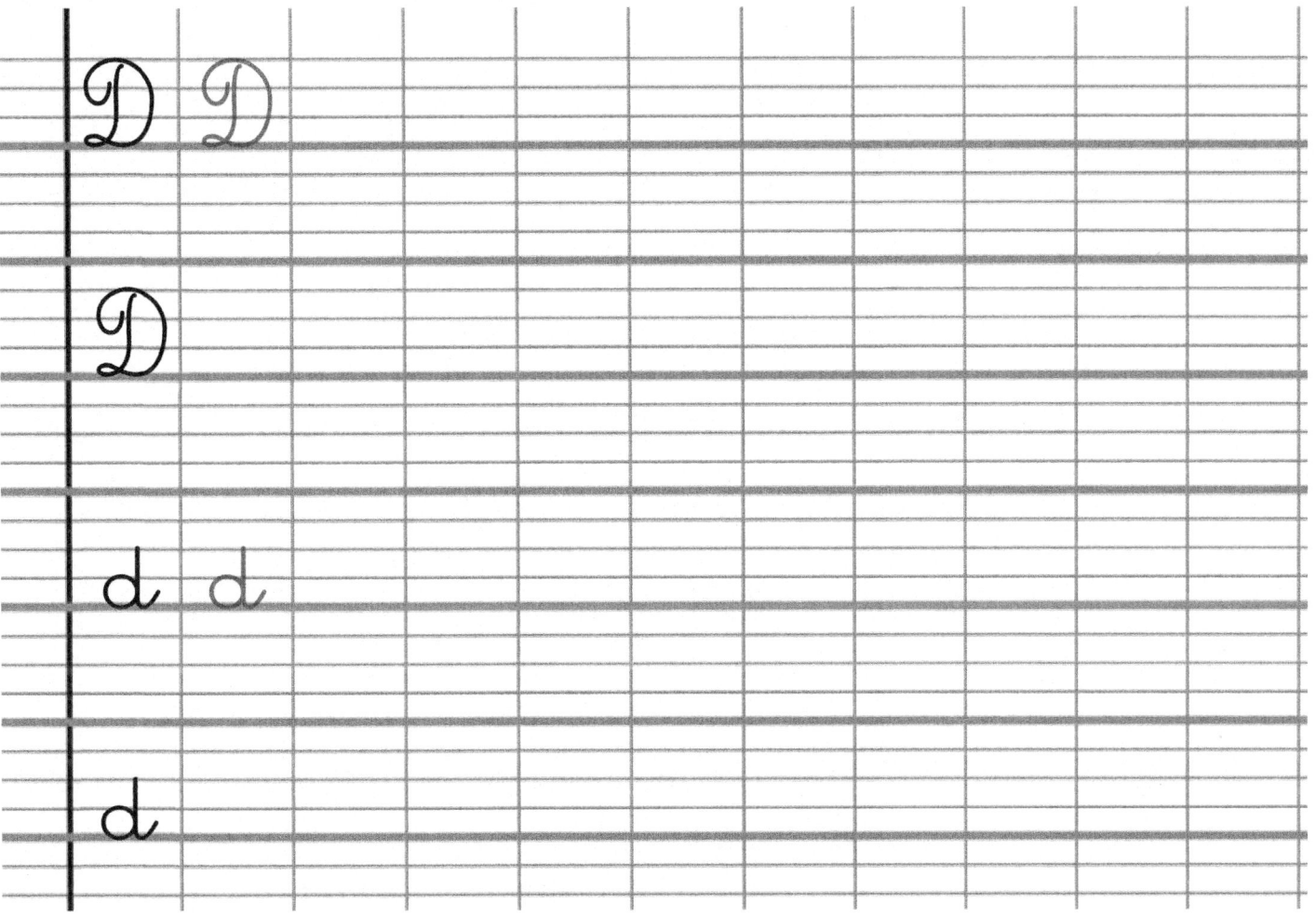

𝒟 𝒟

𝒟

𝒟

𝒟

d d

d

d

d

La lettre E

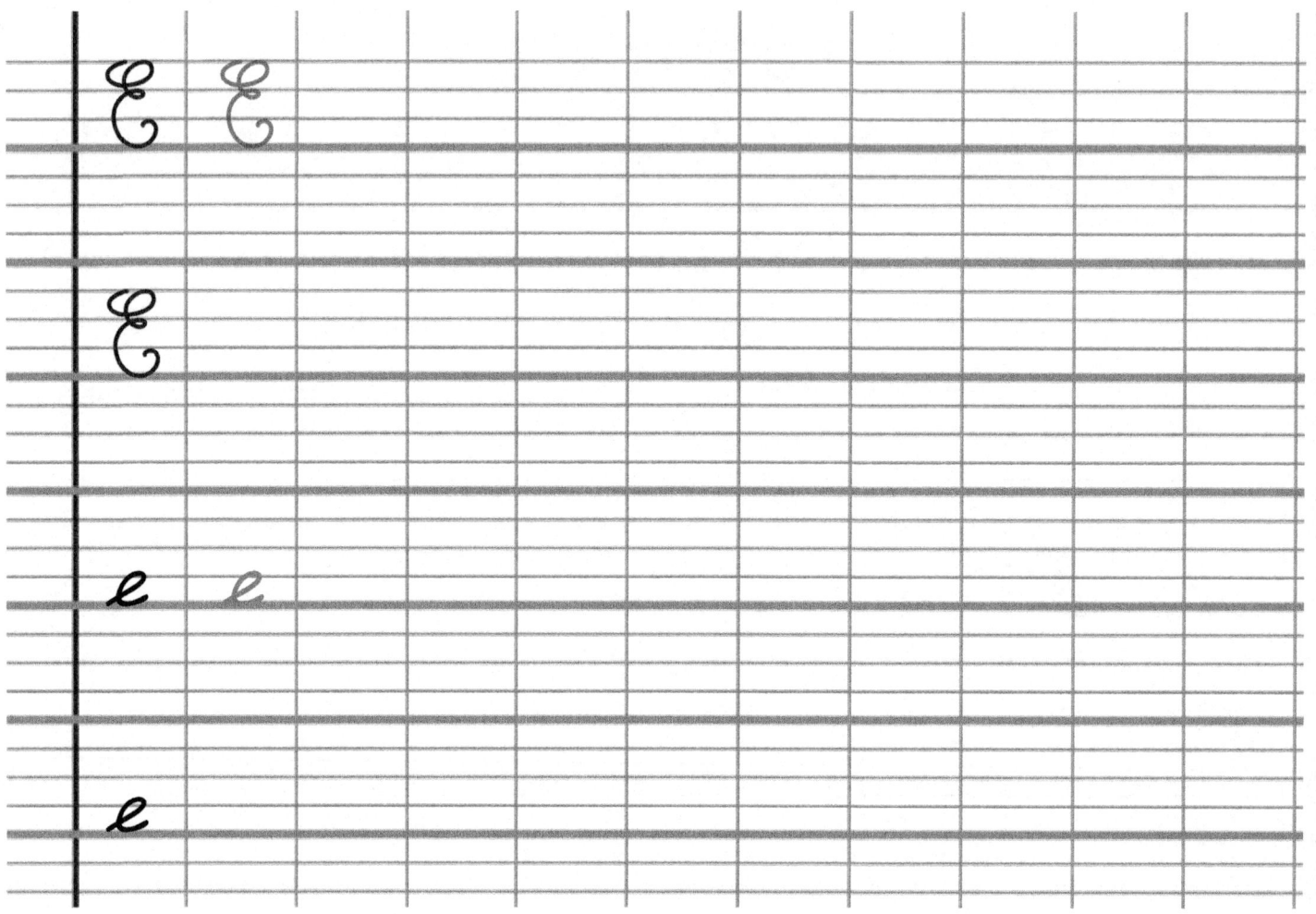

ℰ ℰ

ℰ

ℰ

ℰ

e e

e

e

e

La lettre F

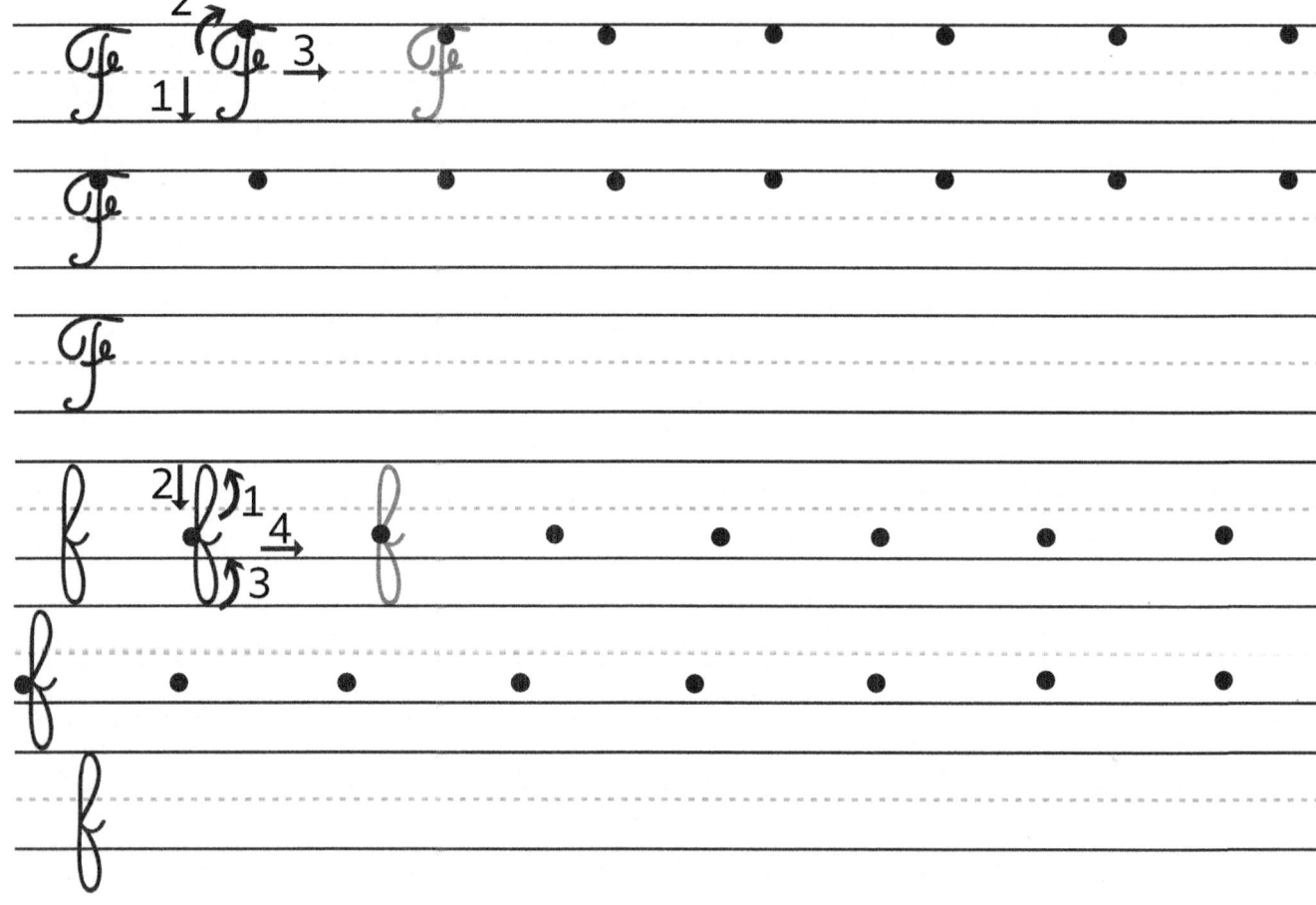

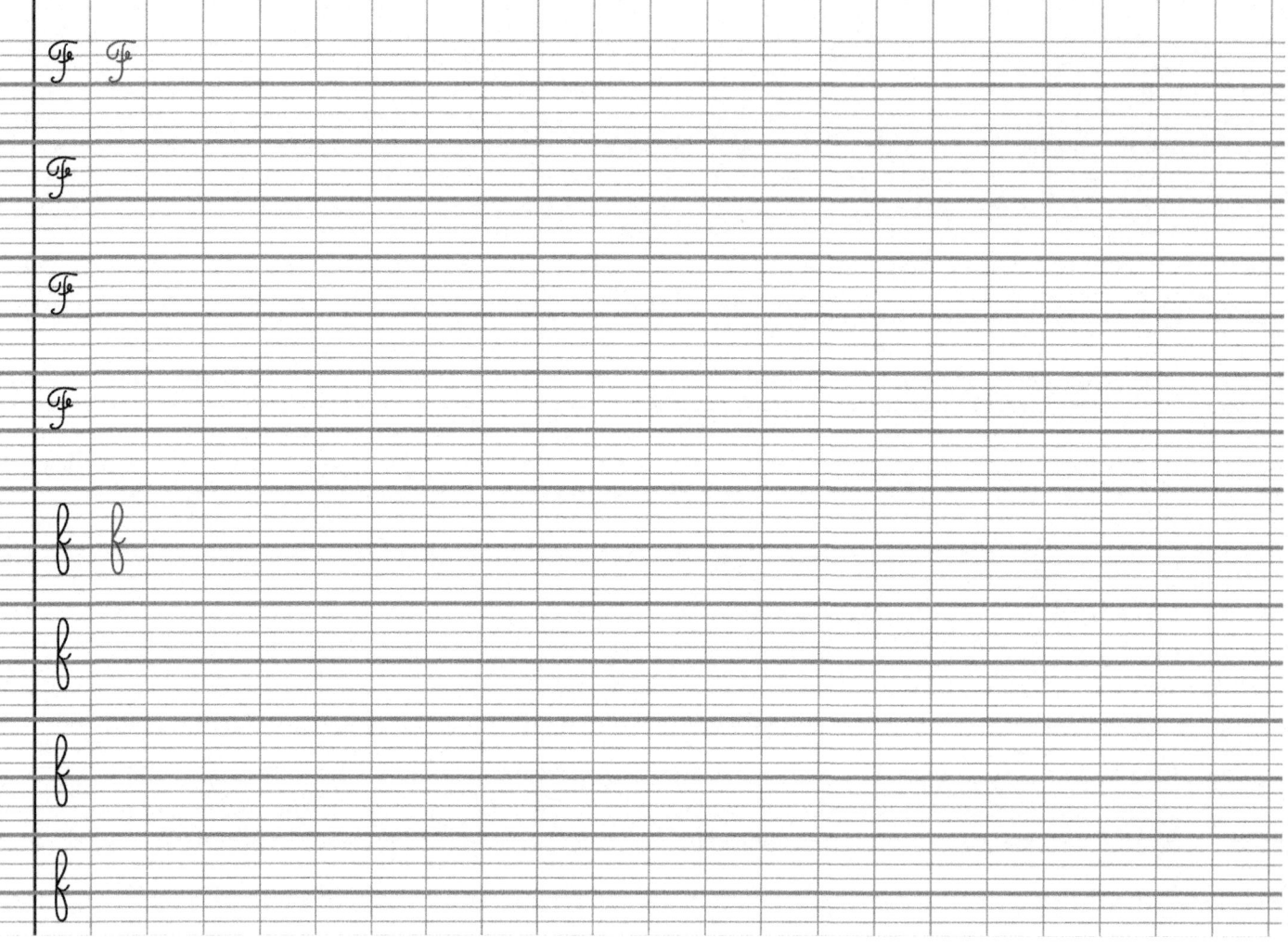

La lettre G

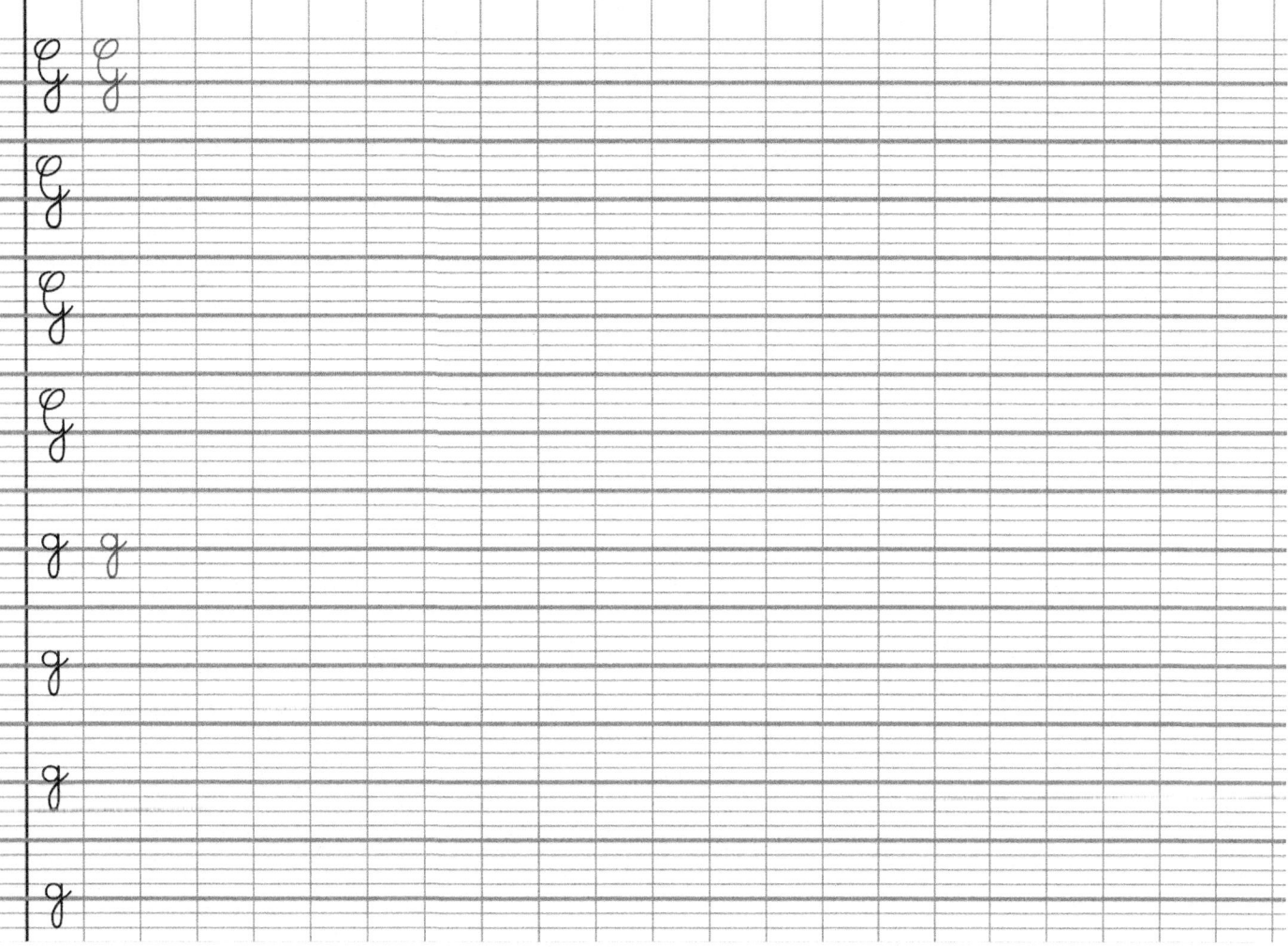

La lettre H

ℋ ℋ

ℋ

ℋ

ℋ

h h

h

h

h

La lettre I

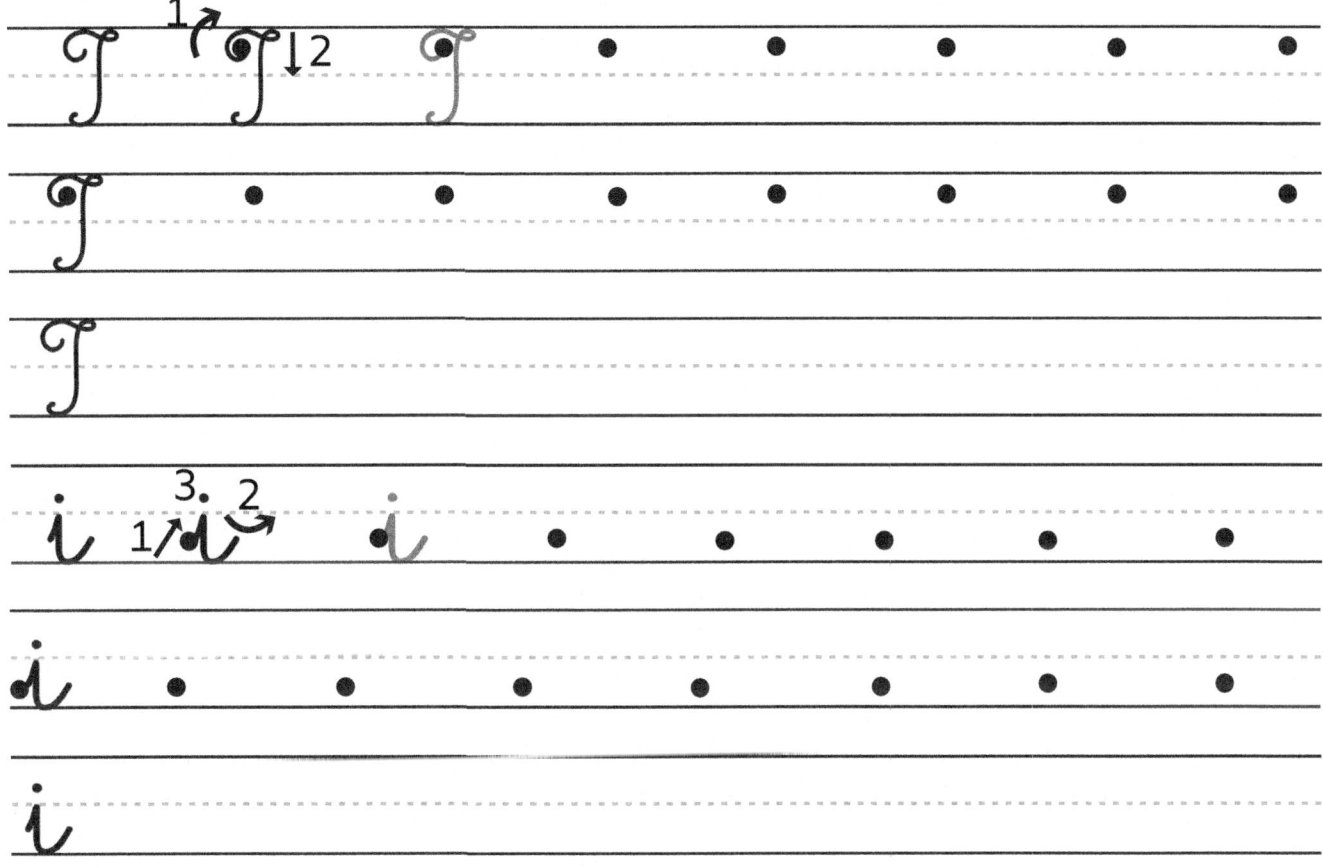

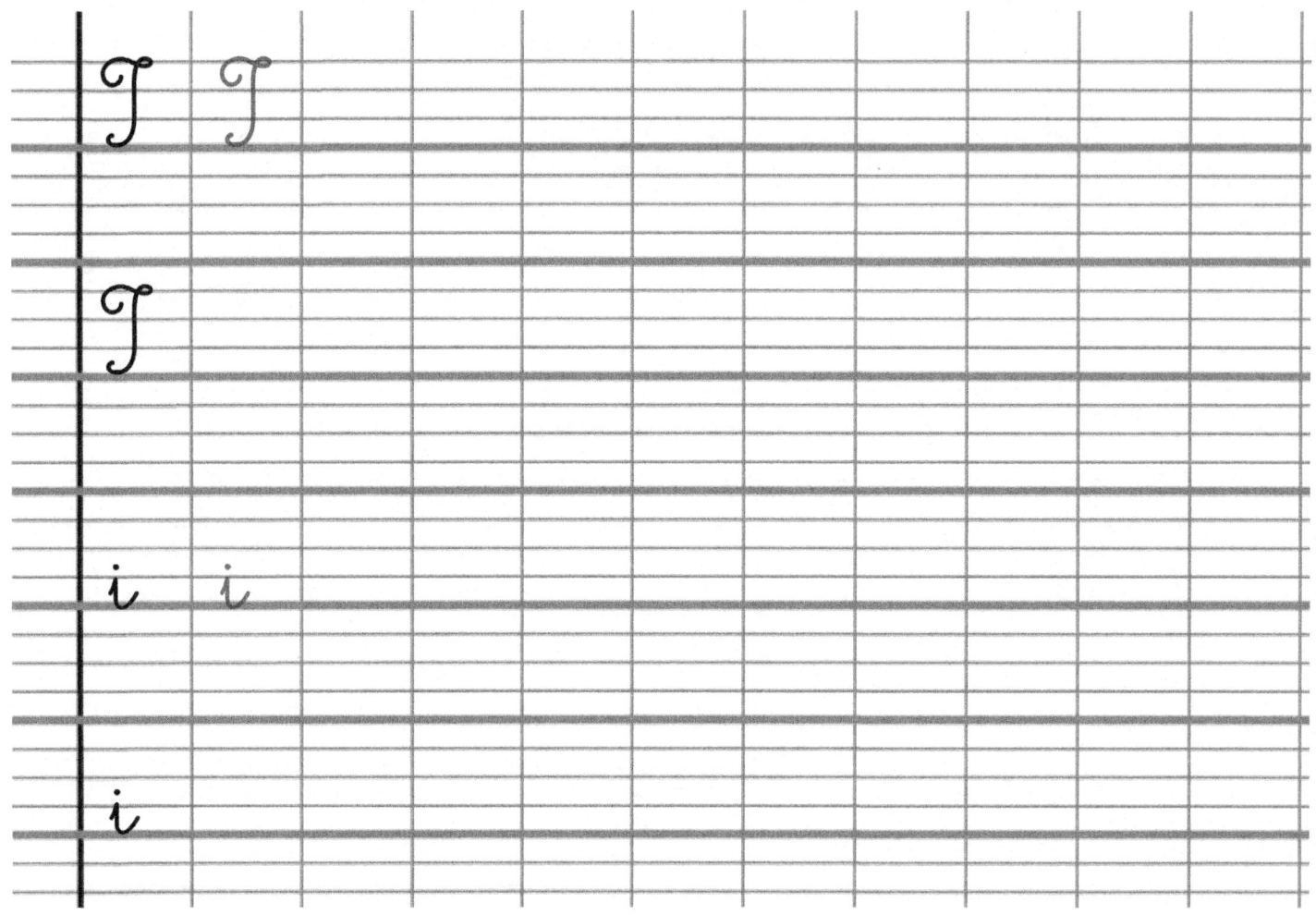

𝒥 𝒥

𝒥

𝒥

𝒥

i i

i

i

i

La lettre J

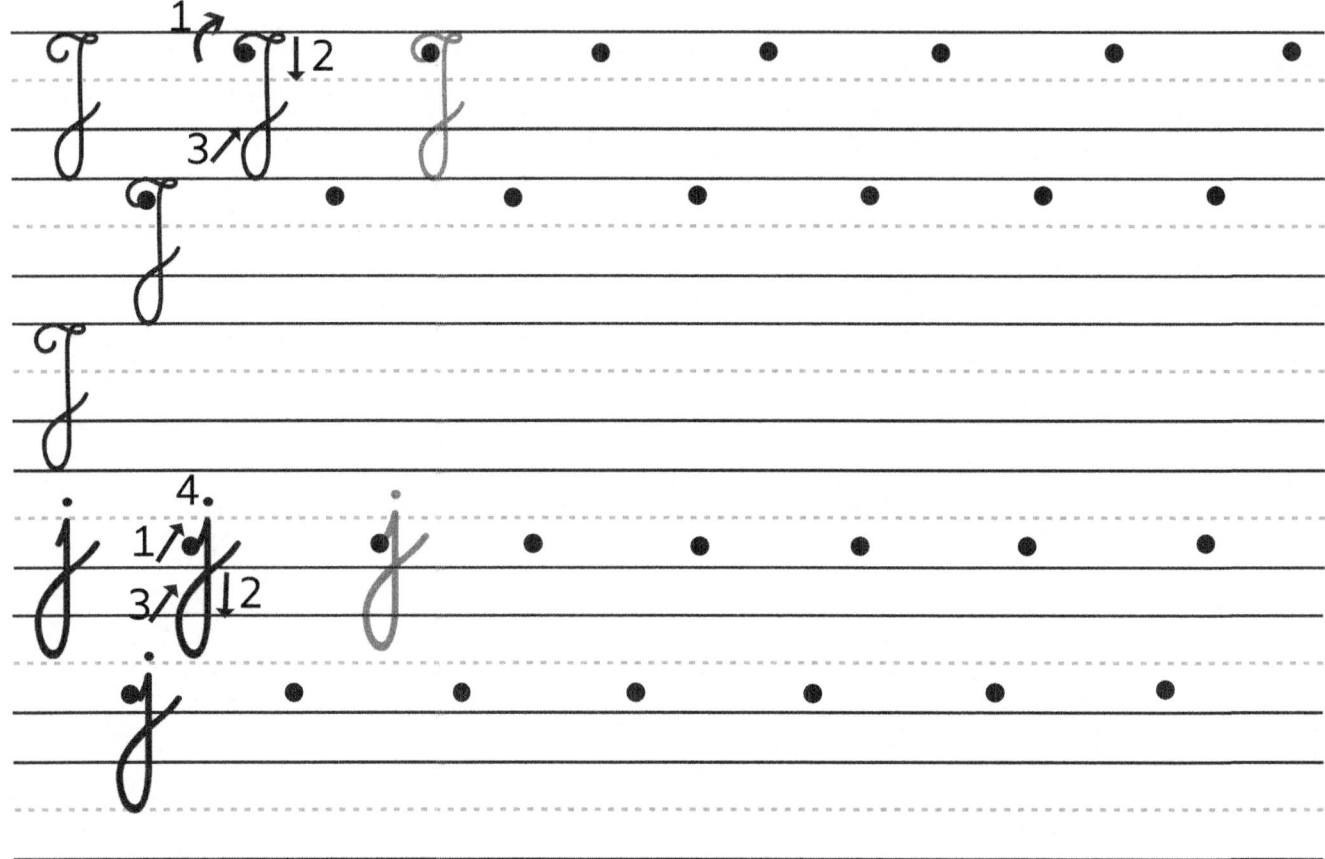

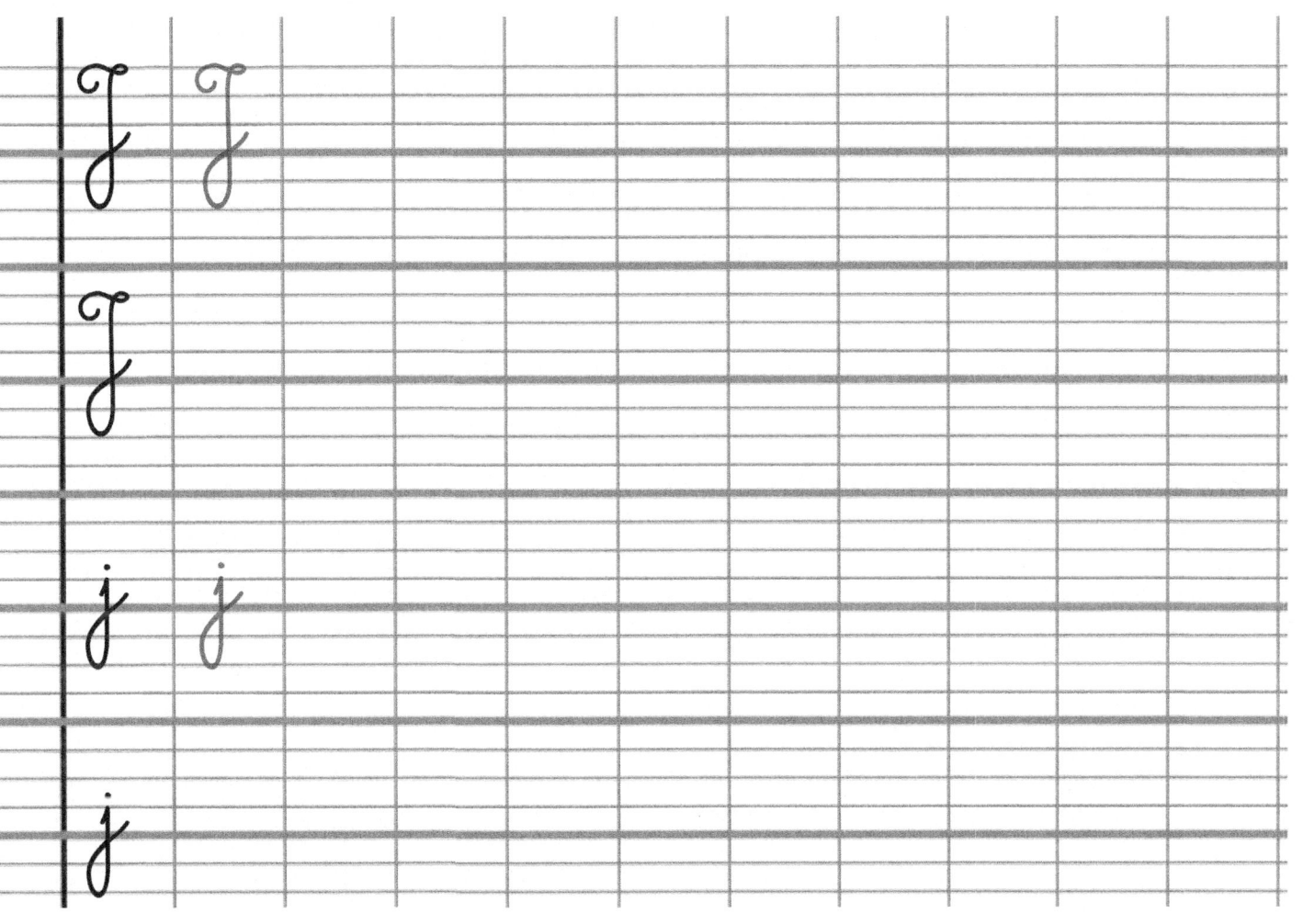

𝒥 𝒥

𝒥

𝒥

𝒥

𝒿 𝒿

𝒿

𝒿

𝒿

La lettre K

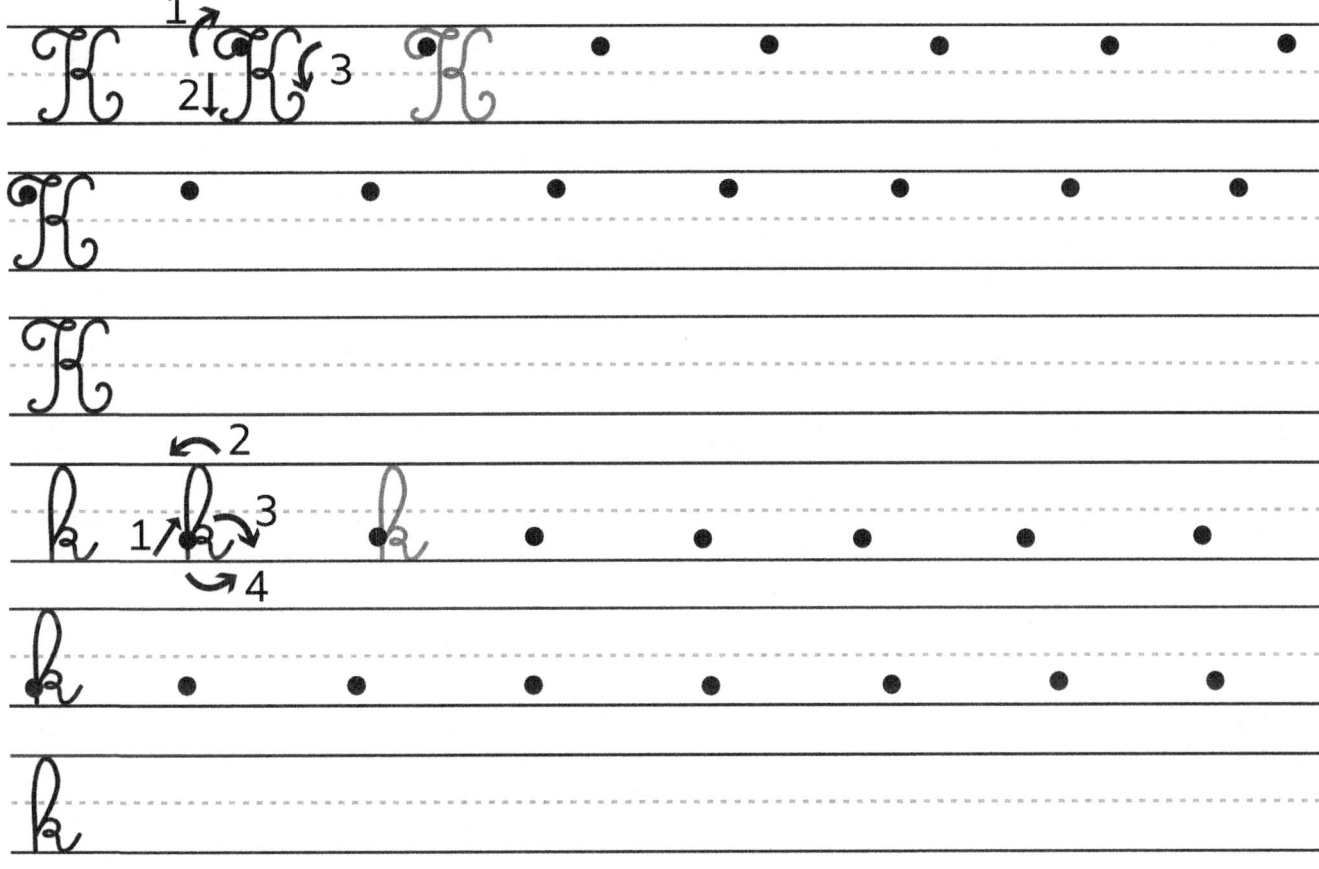

𝒦 𝒦

𝒦

𝒦

𝒦

k k

k

k

k

La lettre L

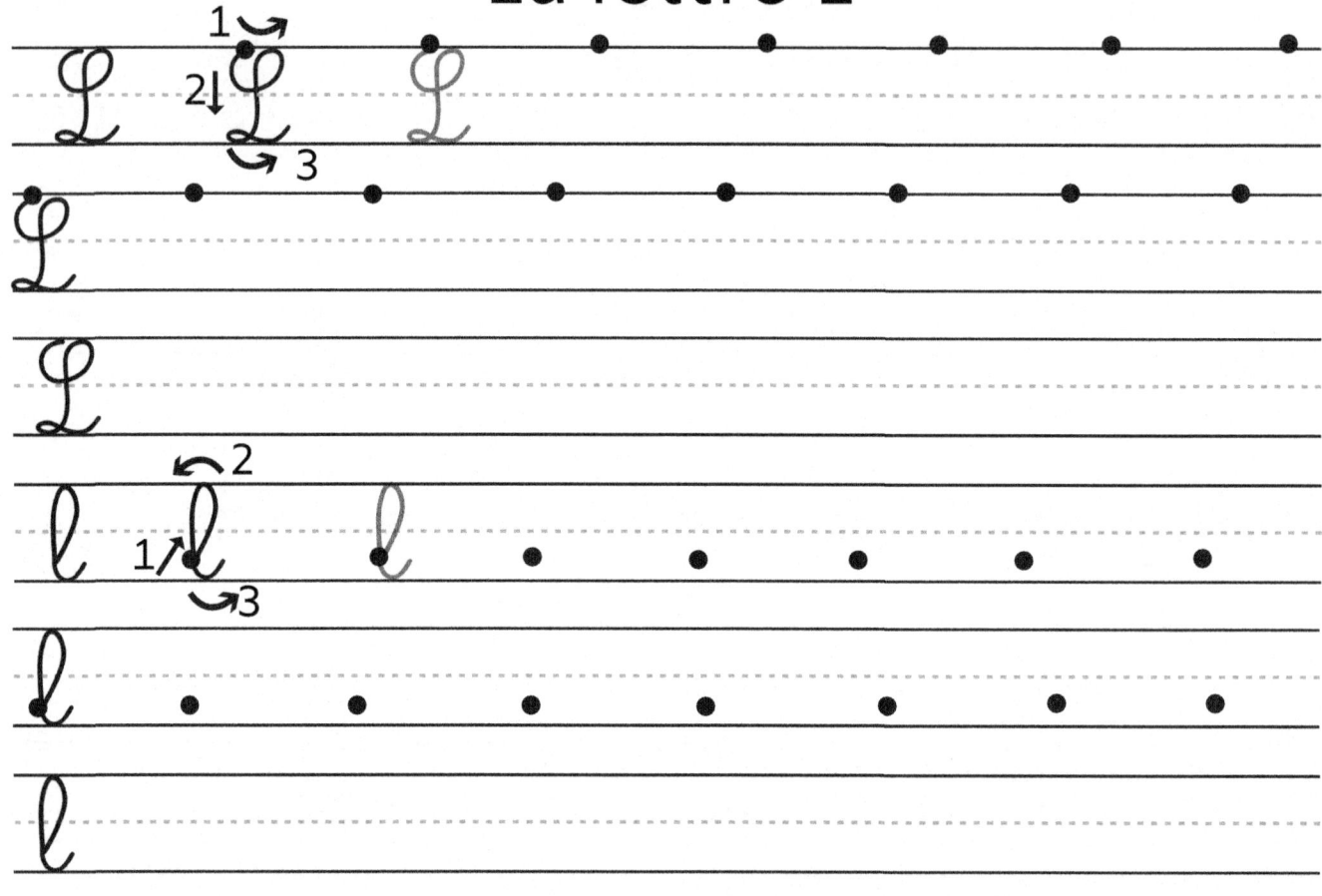

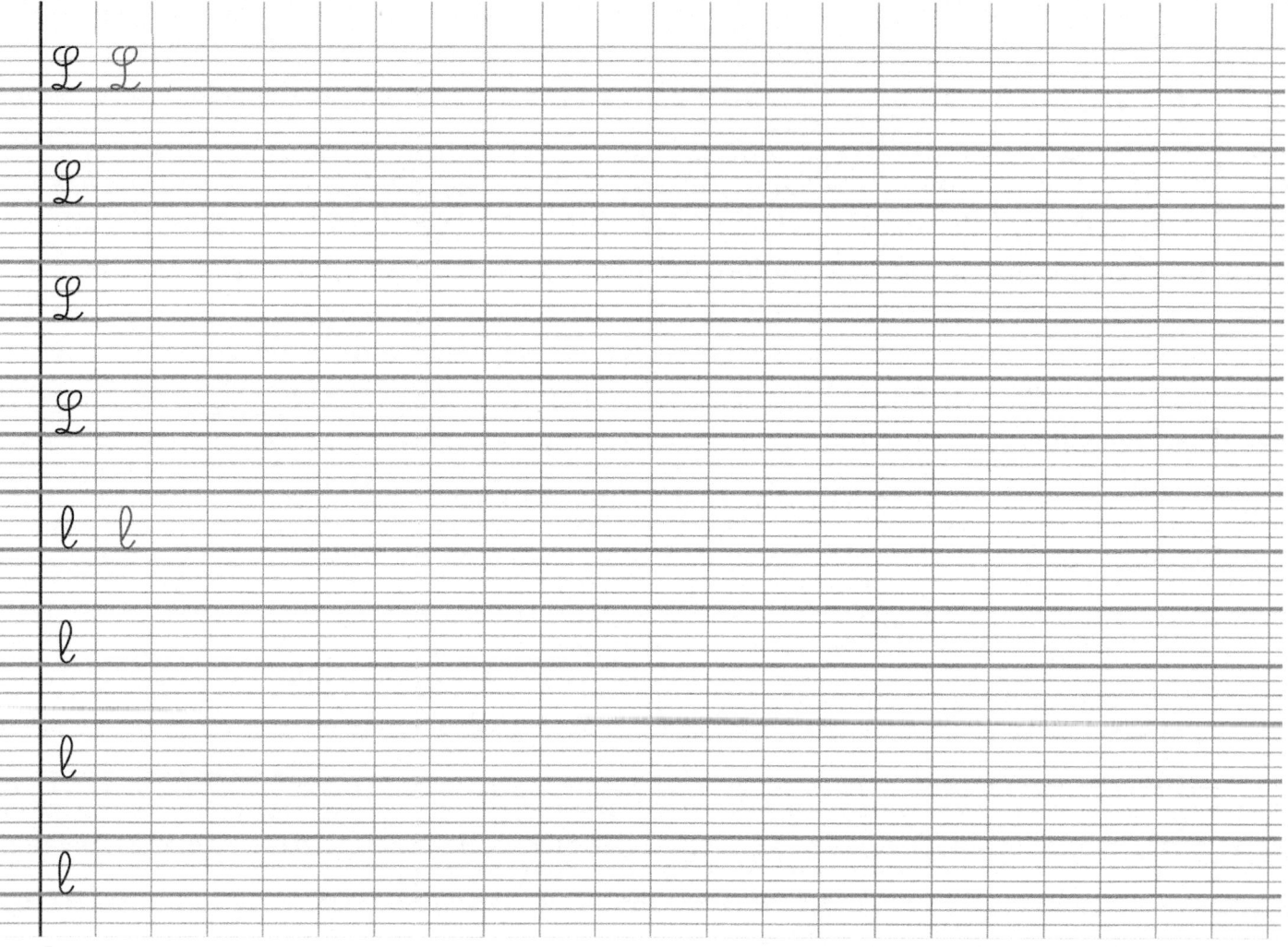

La lettre M

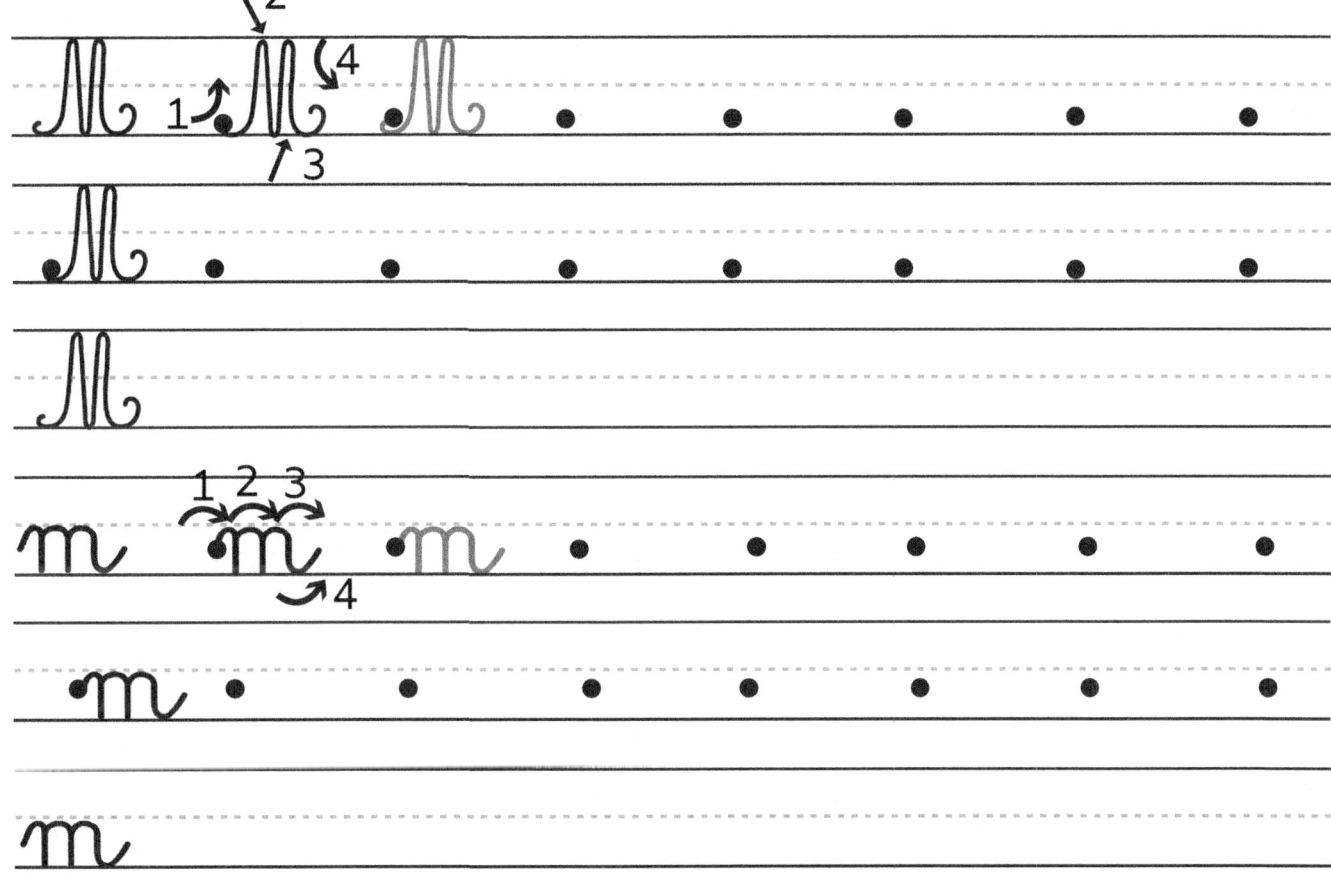

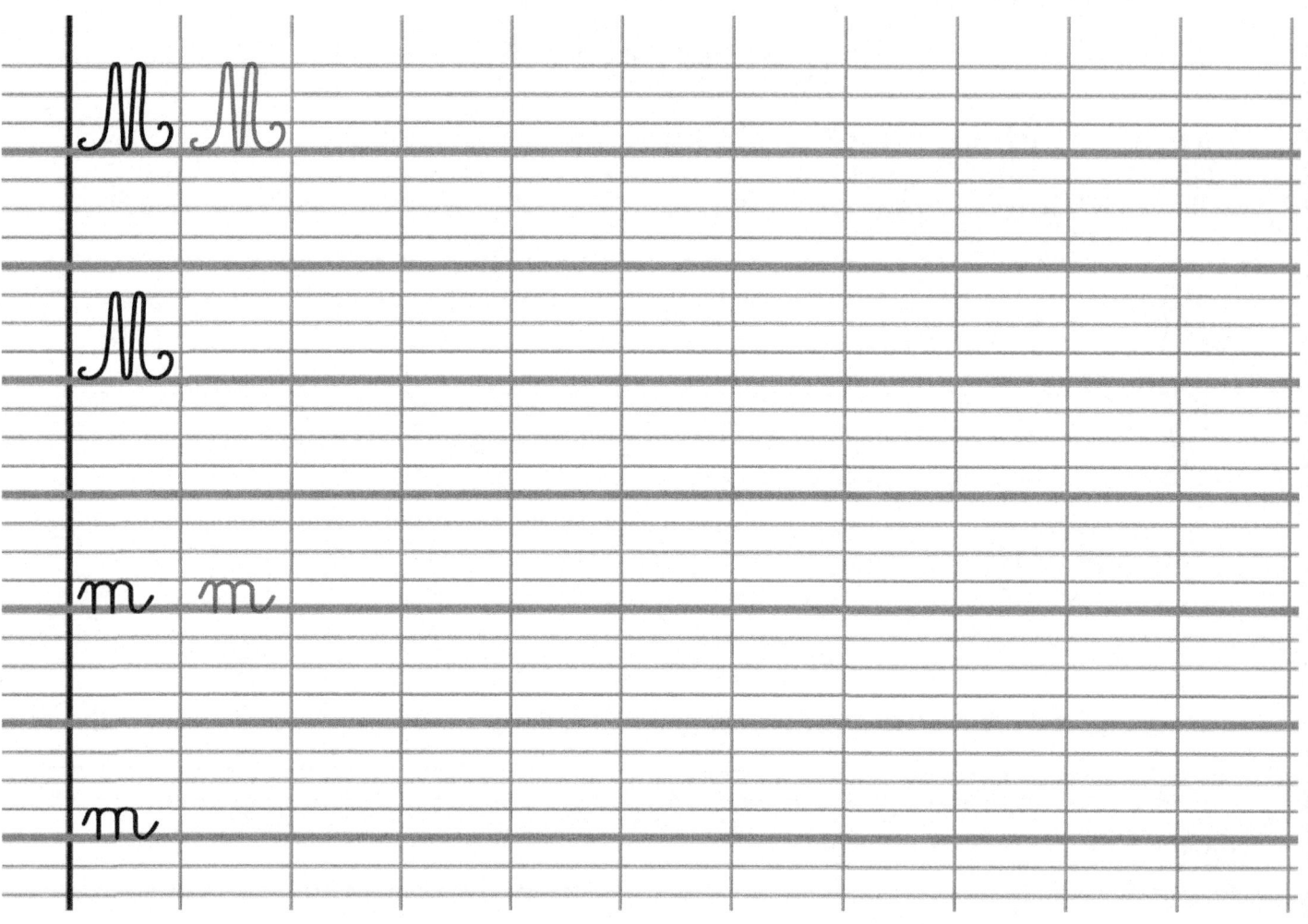

M M

M

M

M

m m

m

m

m

La lettre N

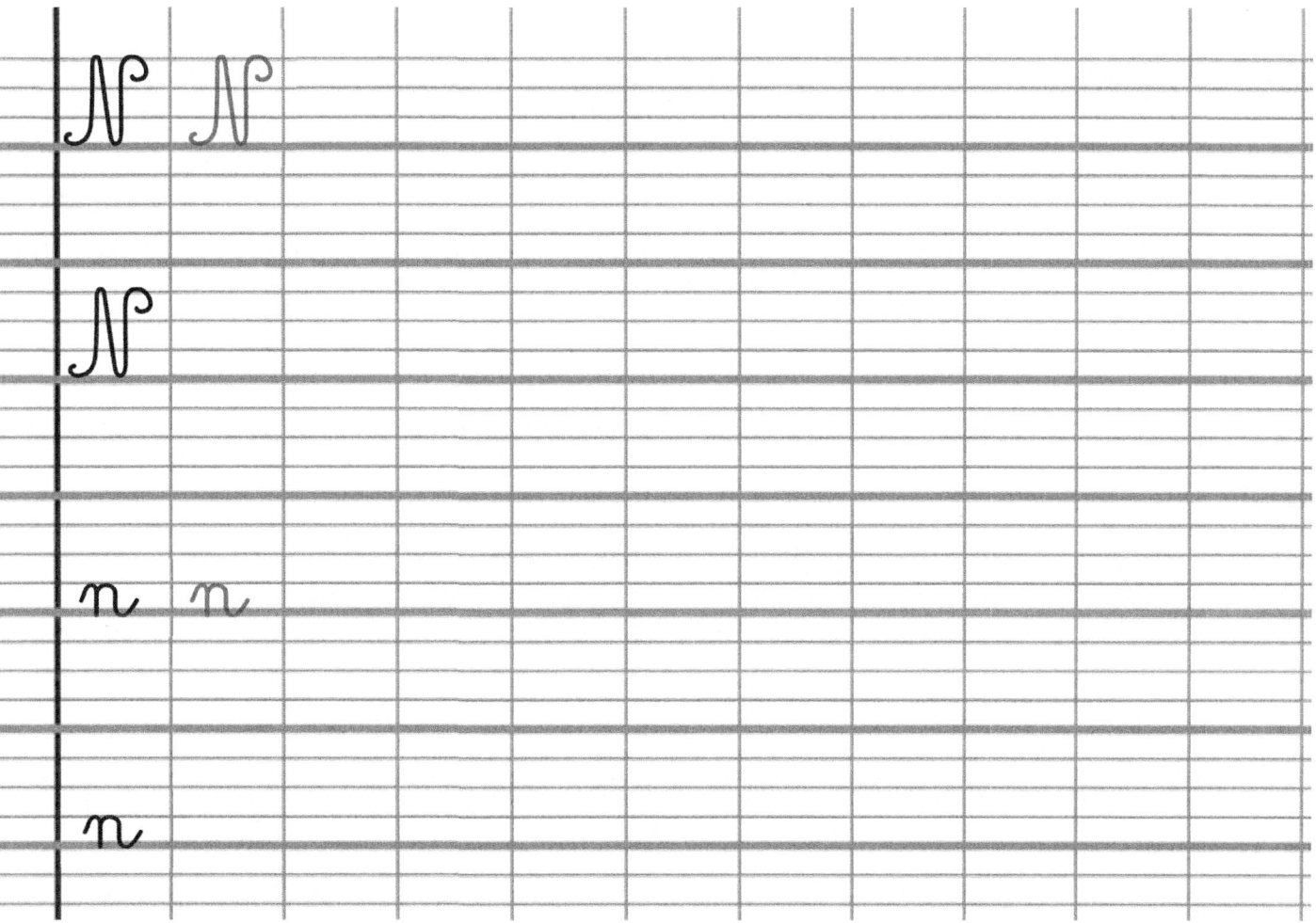

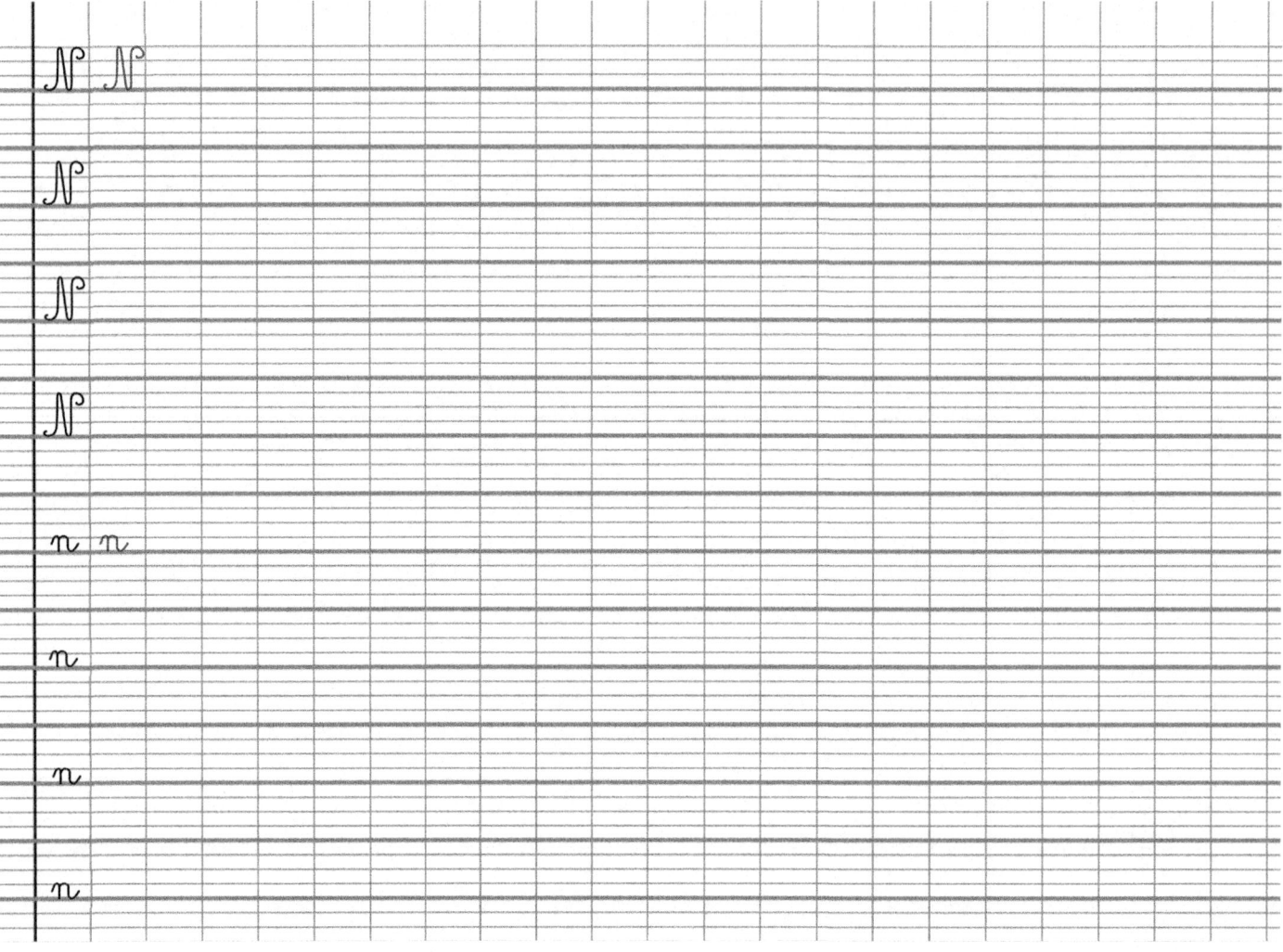

La lettre O

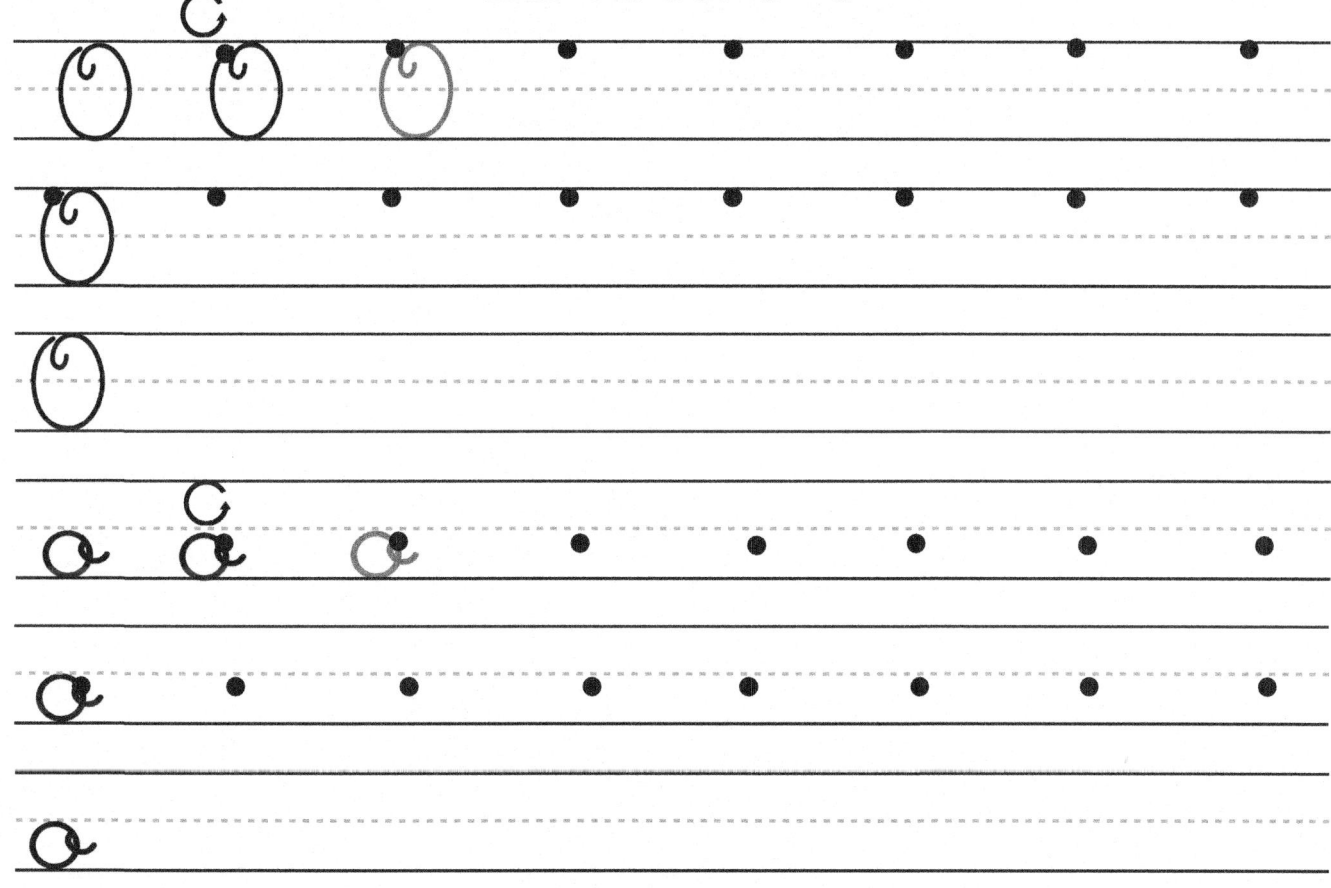

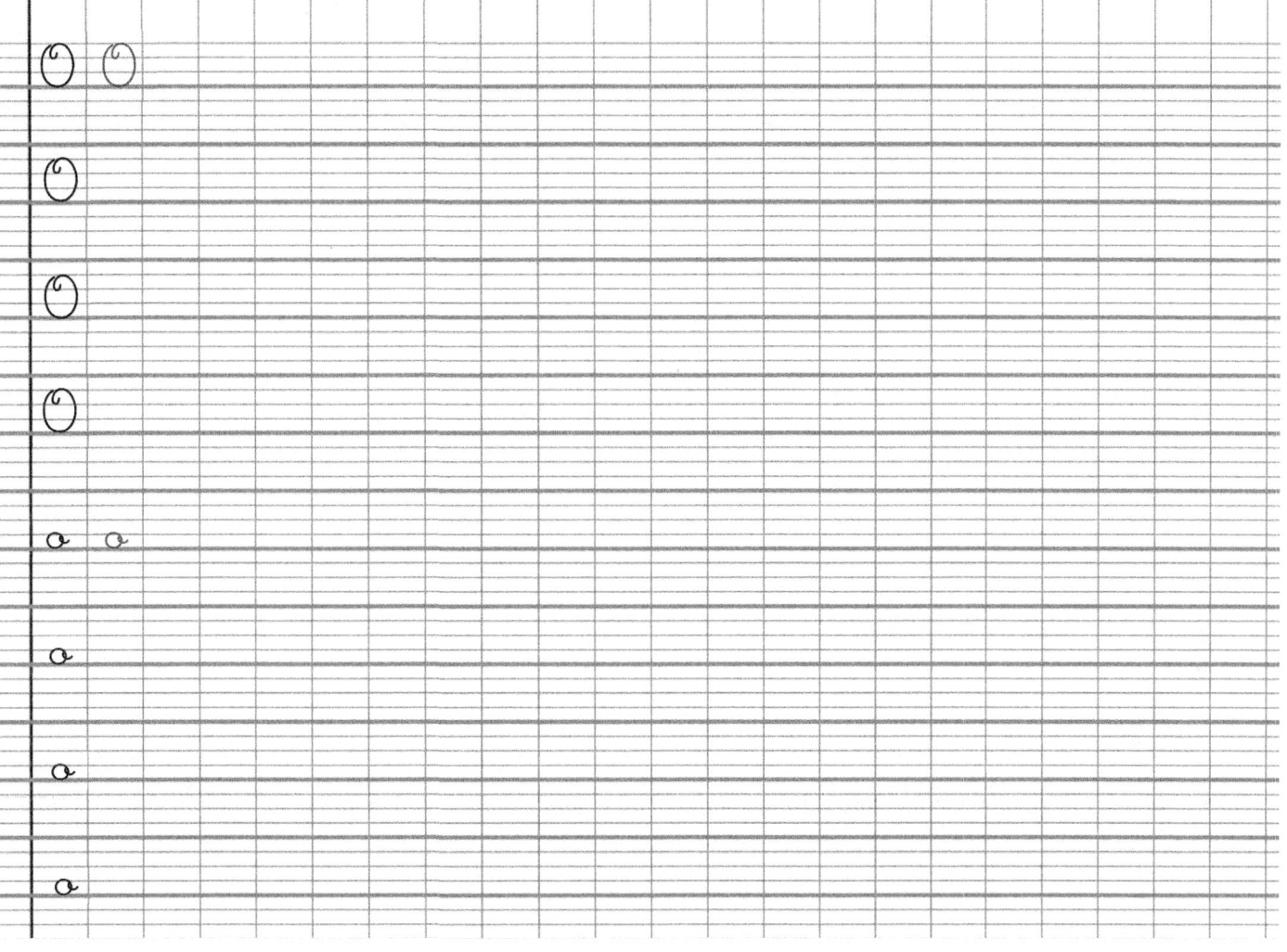

La lettre P

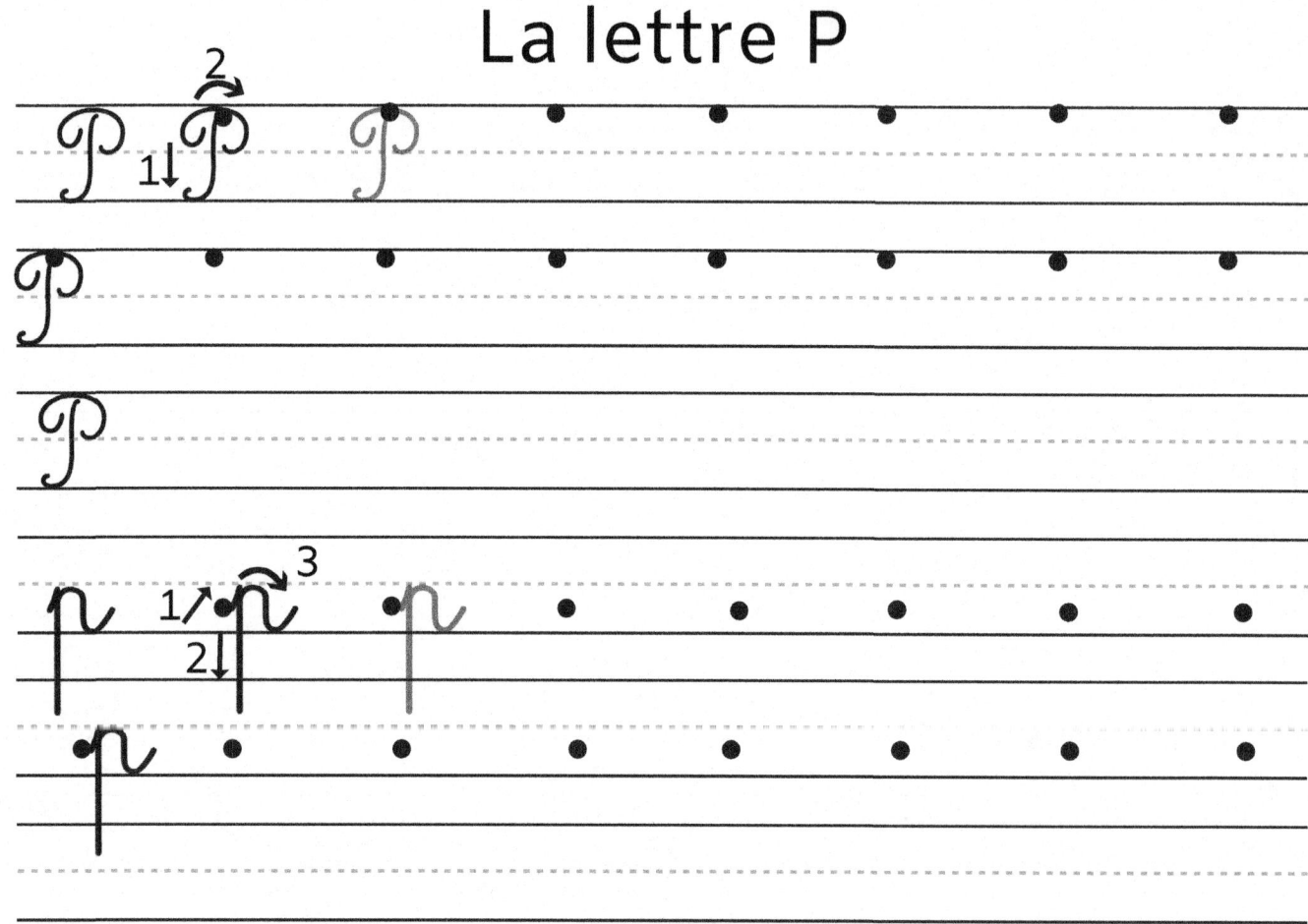

𝒫 𝒫

𝒫

𝒫

𝒫

𝓅 𝓅

𝓅

𝓅

𝓅

La lettre Q

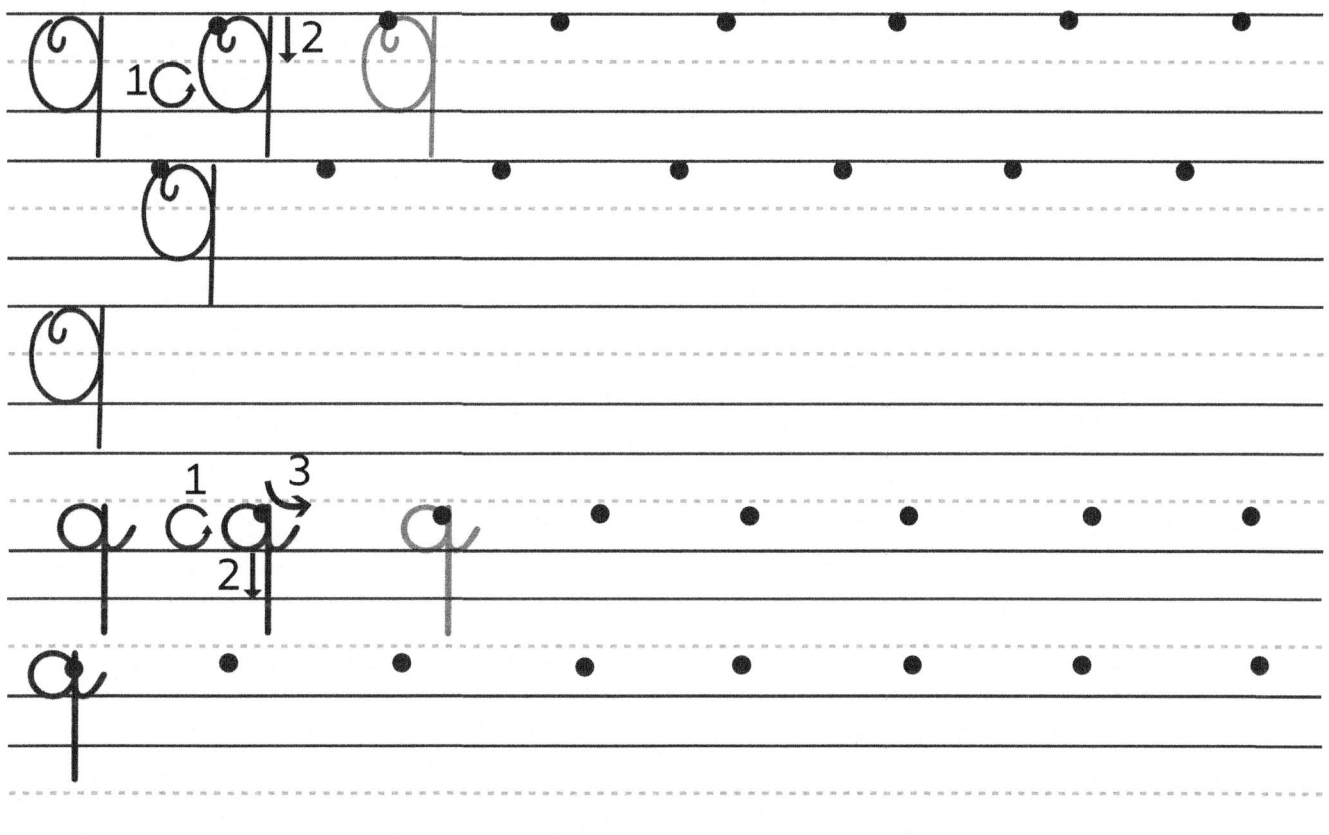

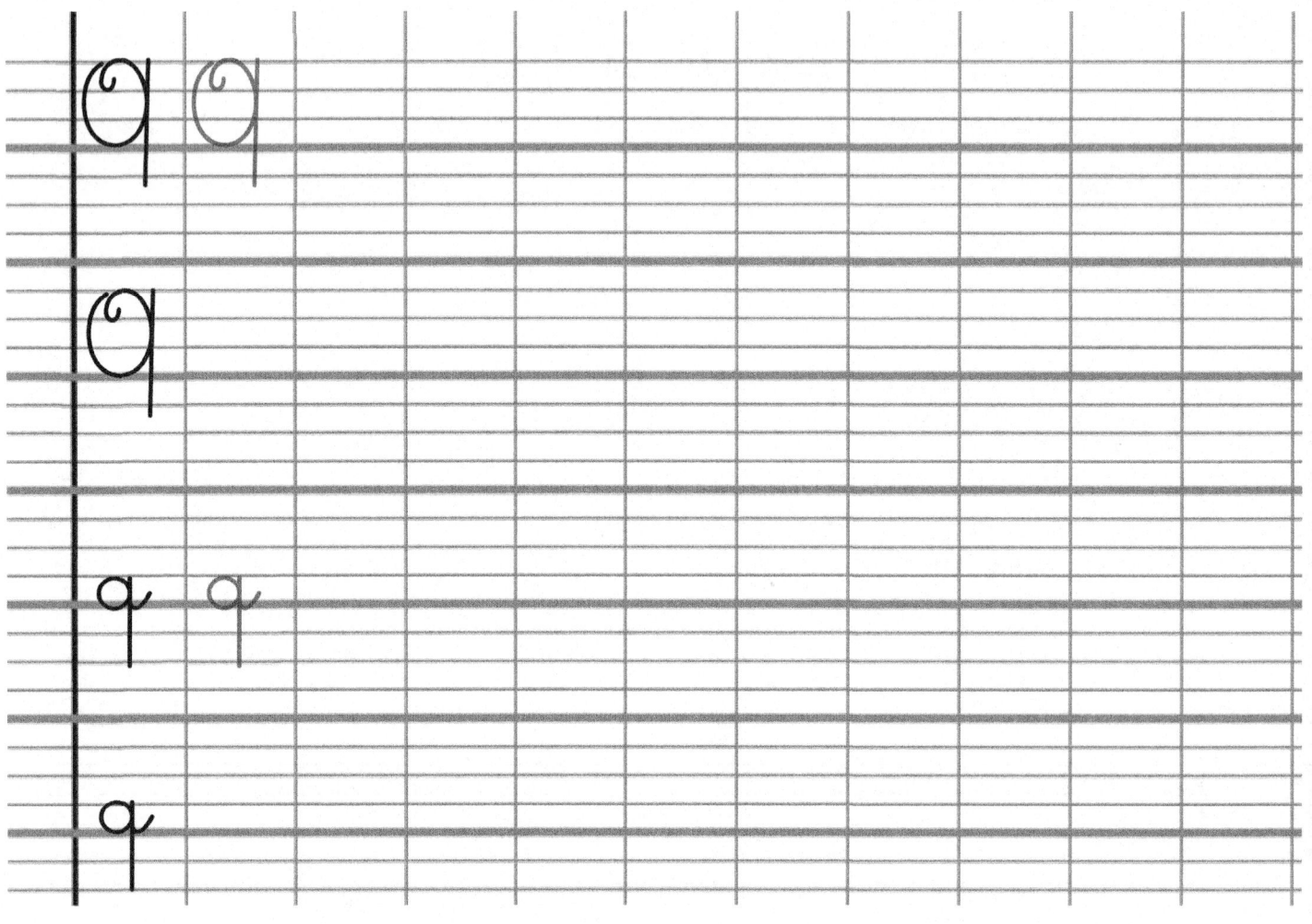

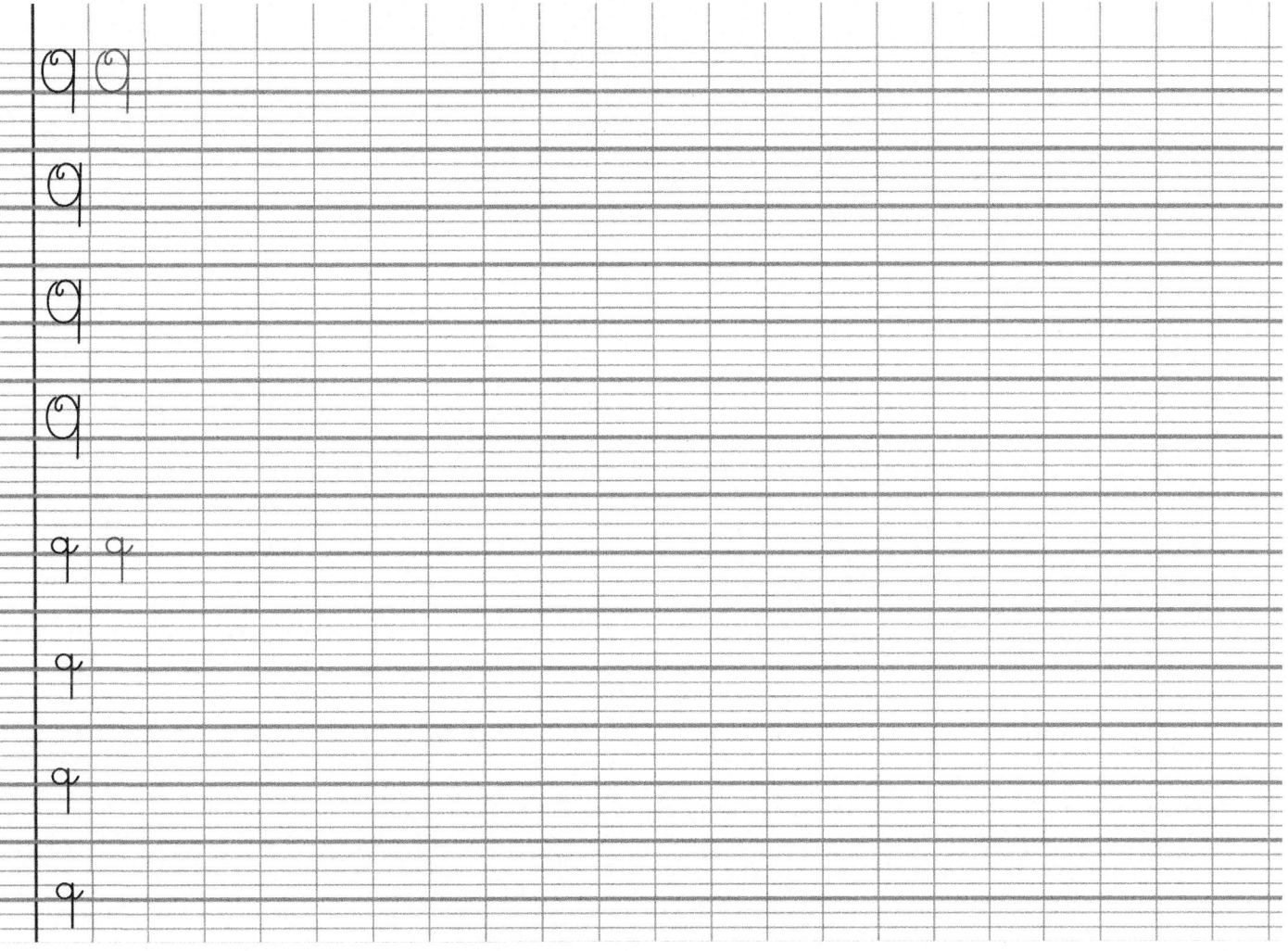

La lettre R

ℛ ℛ

ℛ

ℛ

ℛ

r r

r

r

r

La lettre S

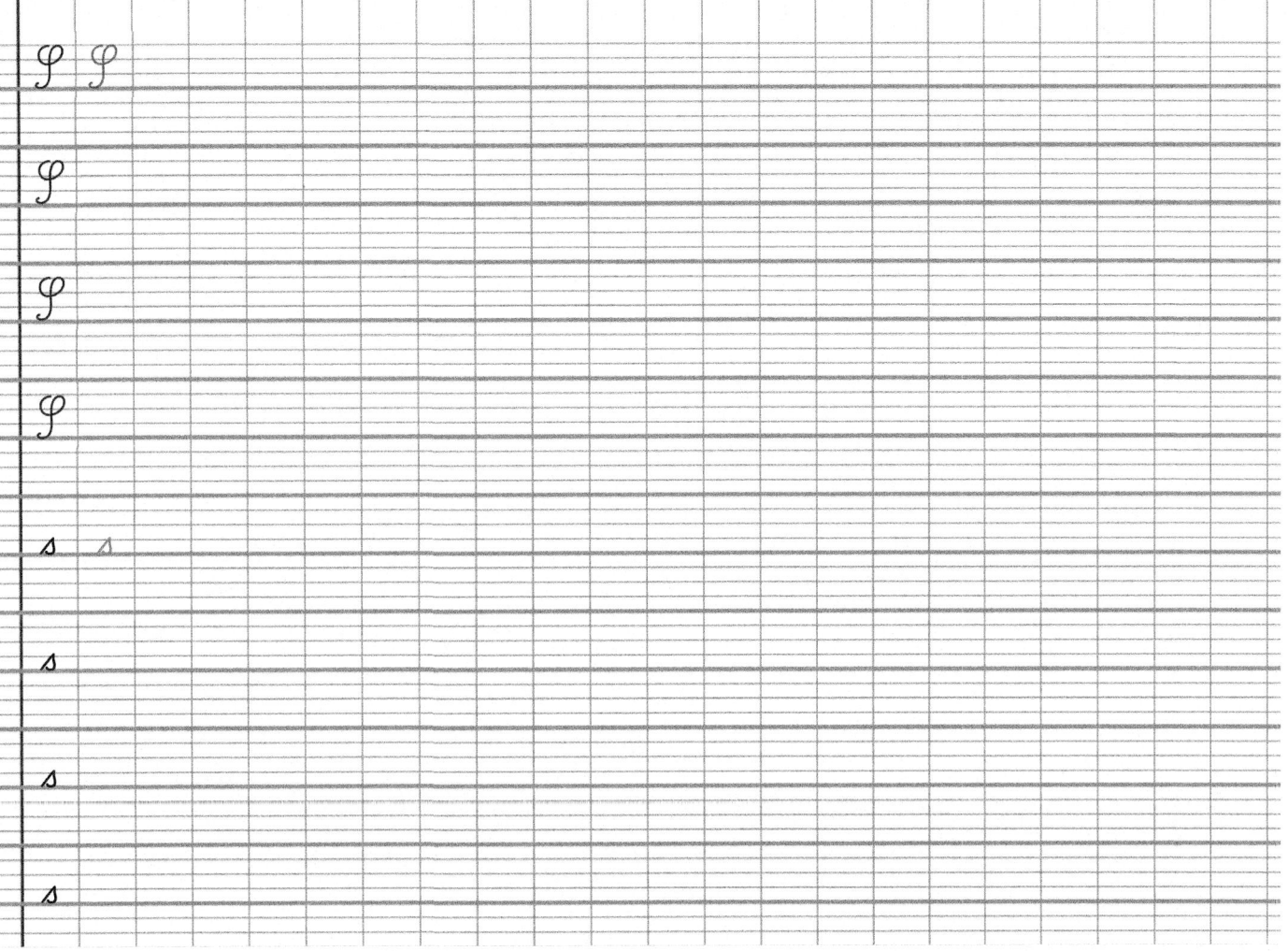

La lettre T

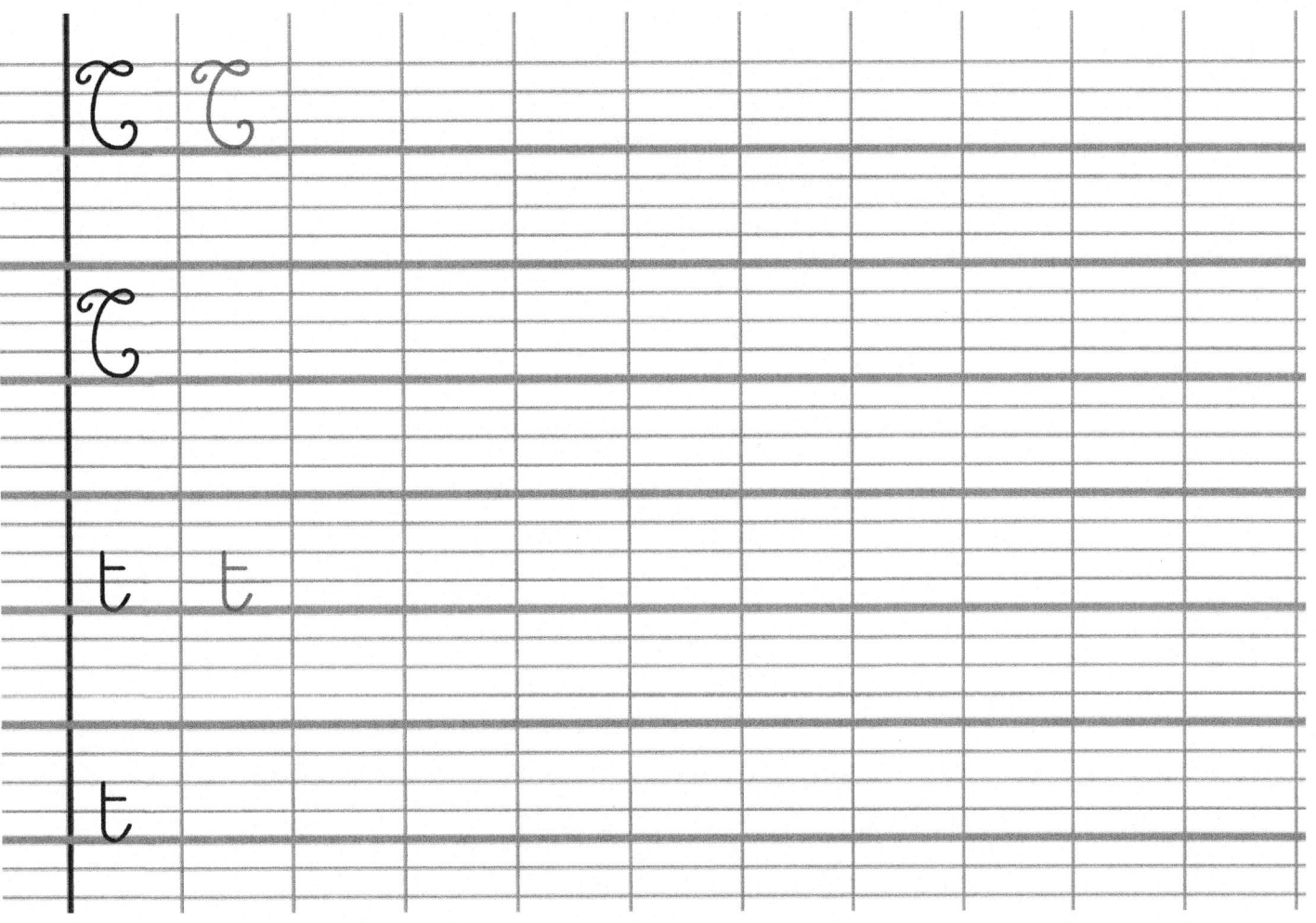

T T

T

T

T

t t

t

t

t

La lettre U

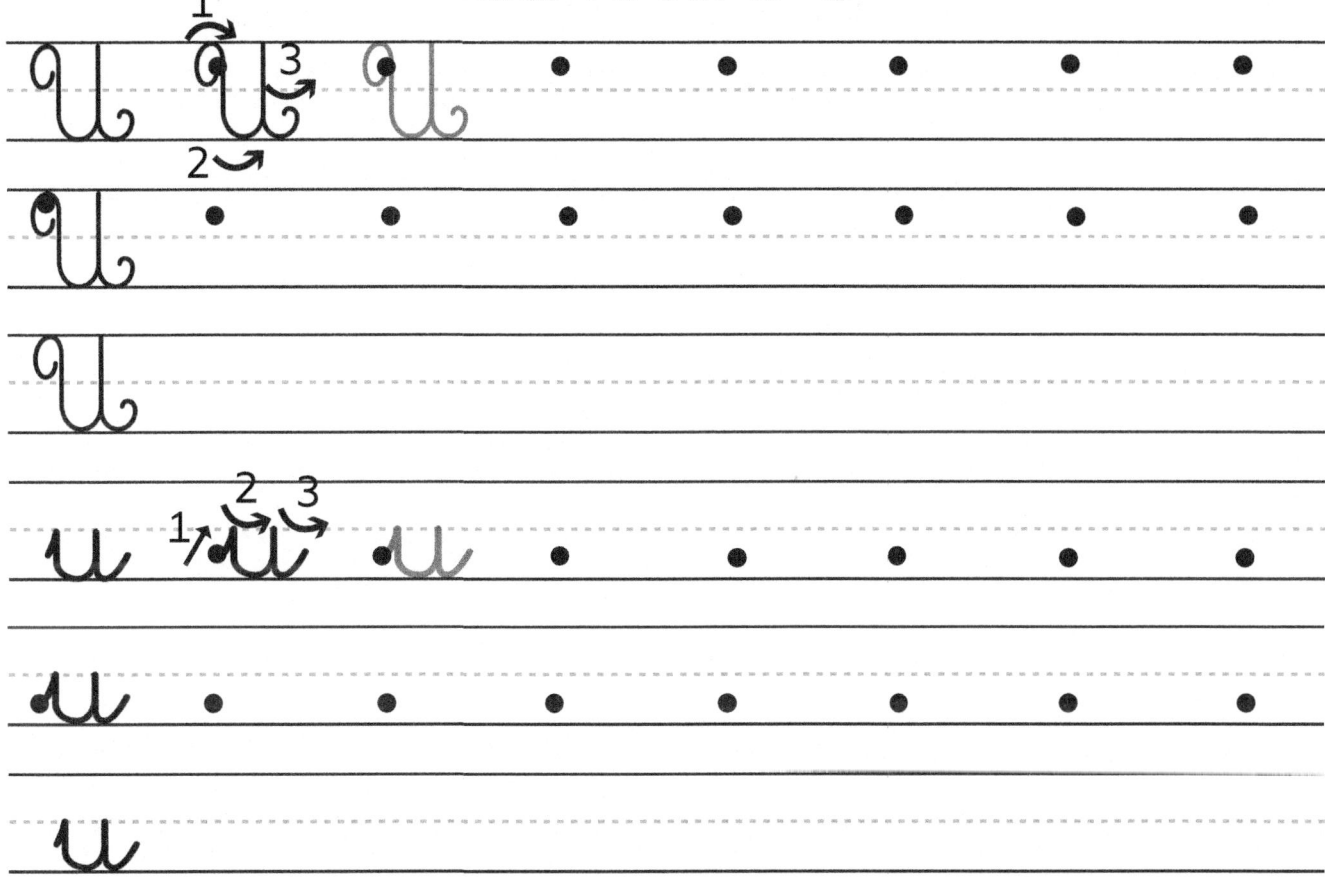

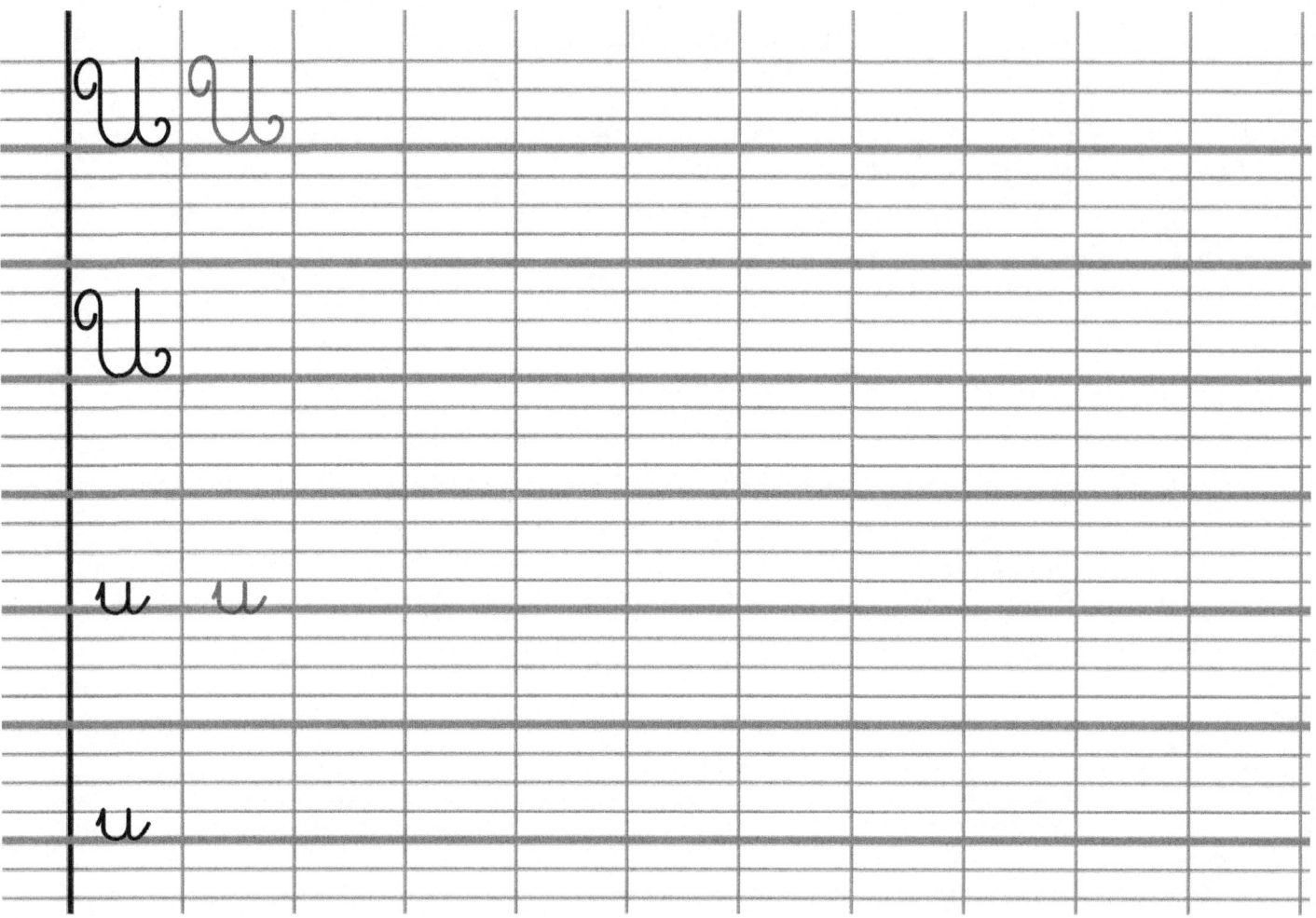

Ու Ու

Ու

Ու

Ու

ու ու

ու

ու

ու

La lettre V

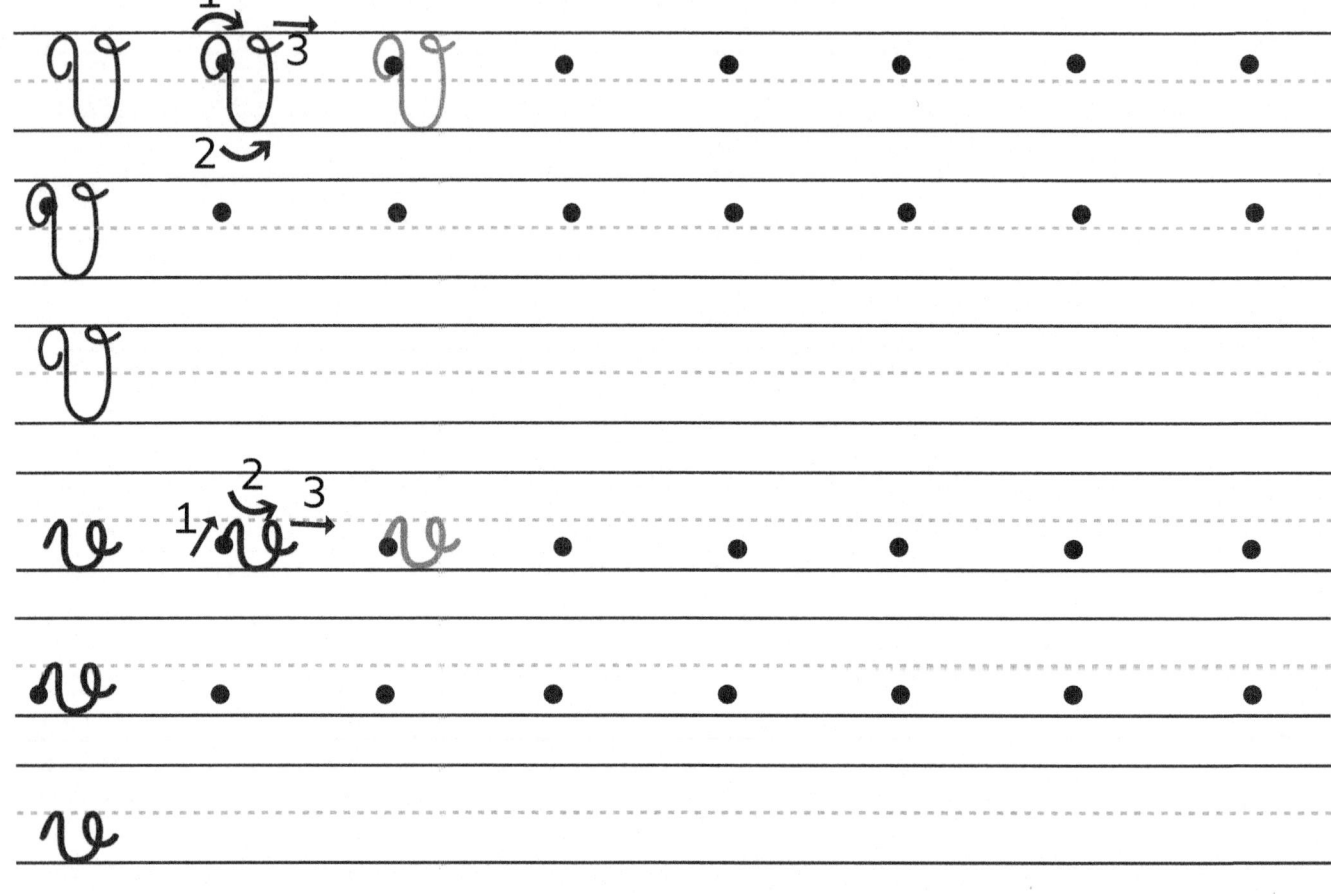

gg gg

gg

gg

gg

ve ve

ve

ve

ve

La lettre W

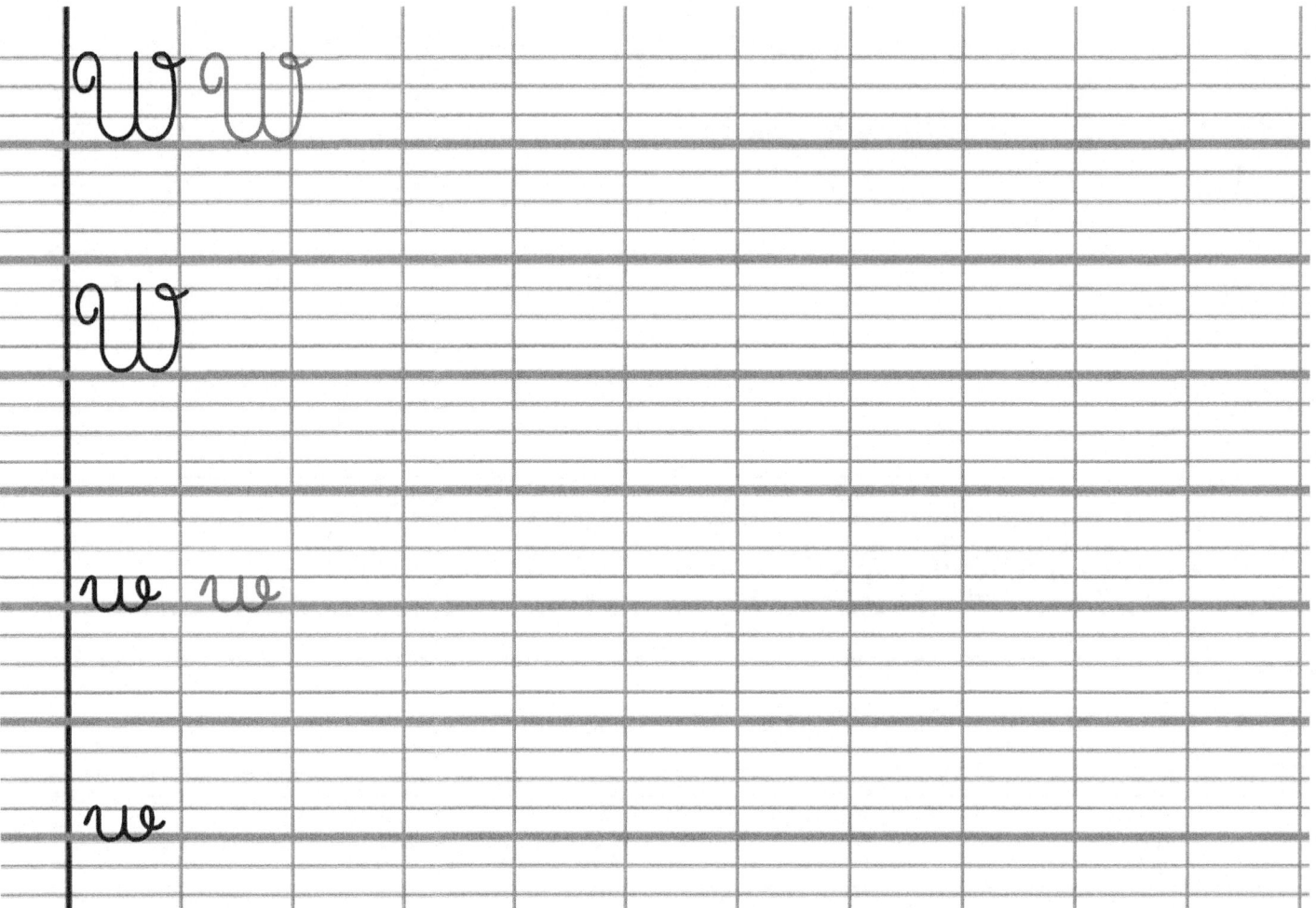

w w

w

w

w

w w

w

w

w

La lettre X

La lettre Y

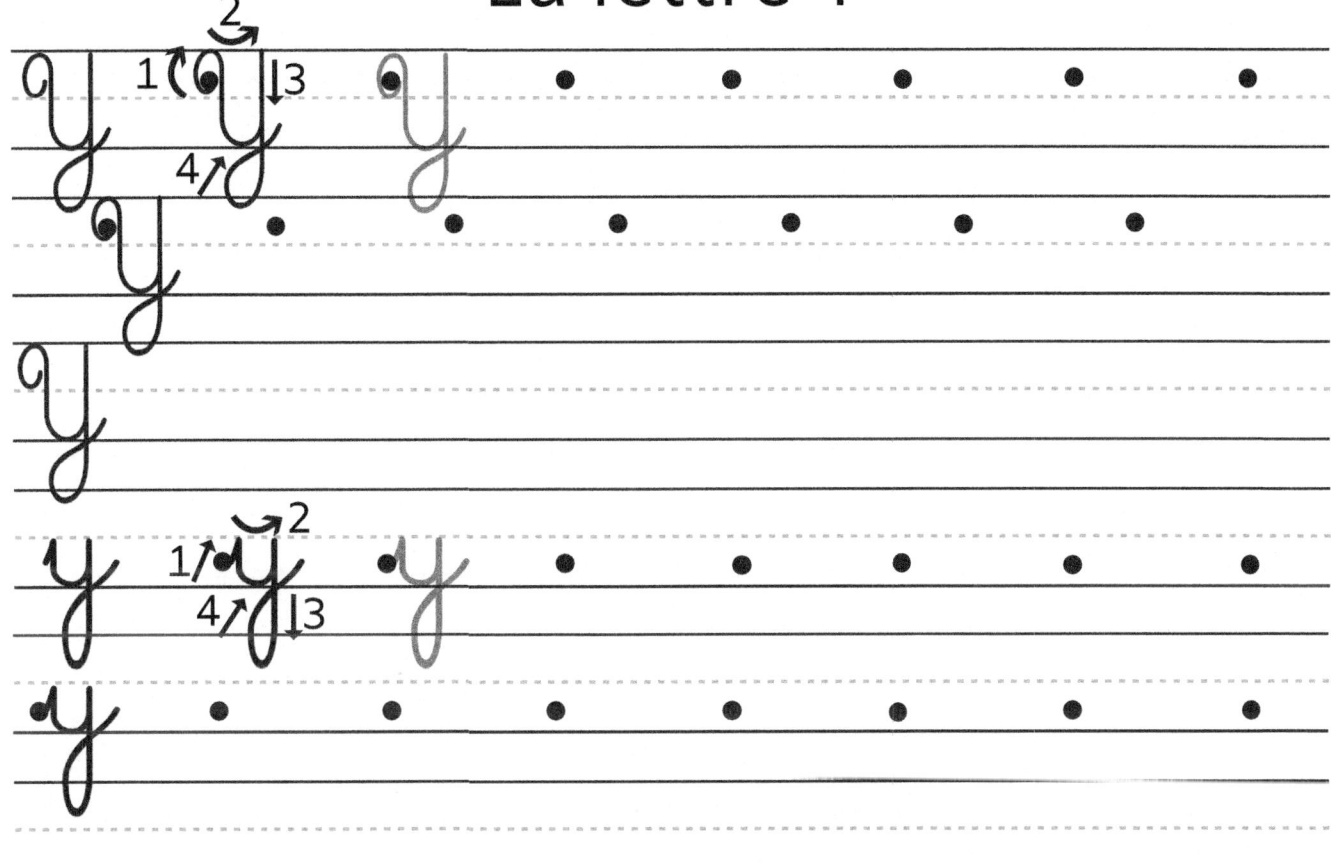

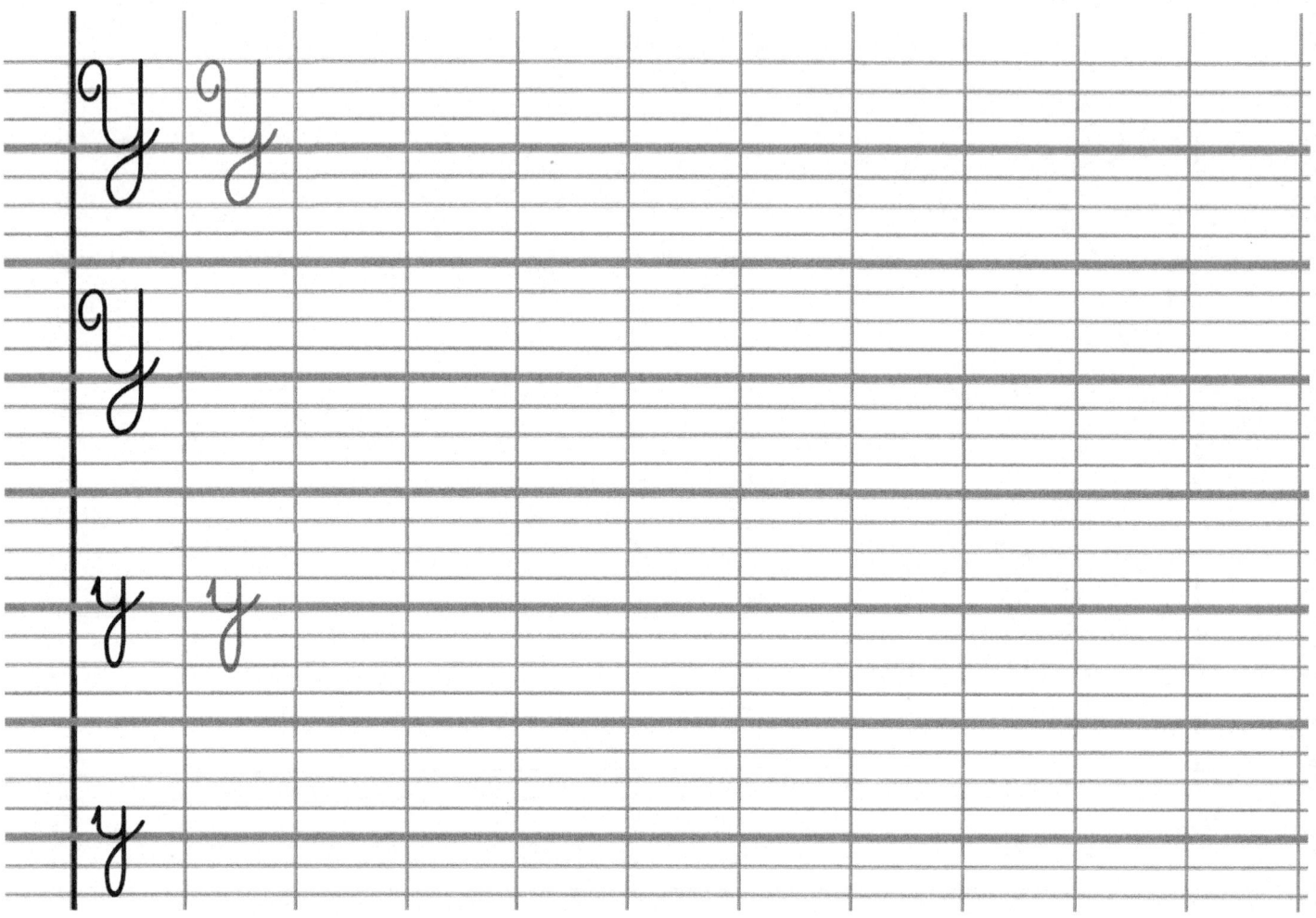

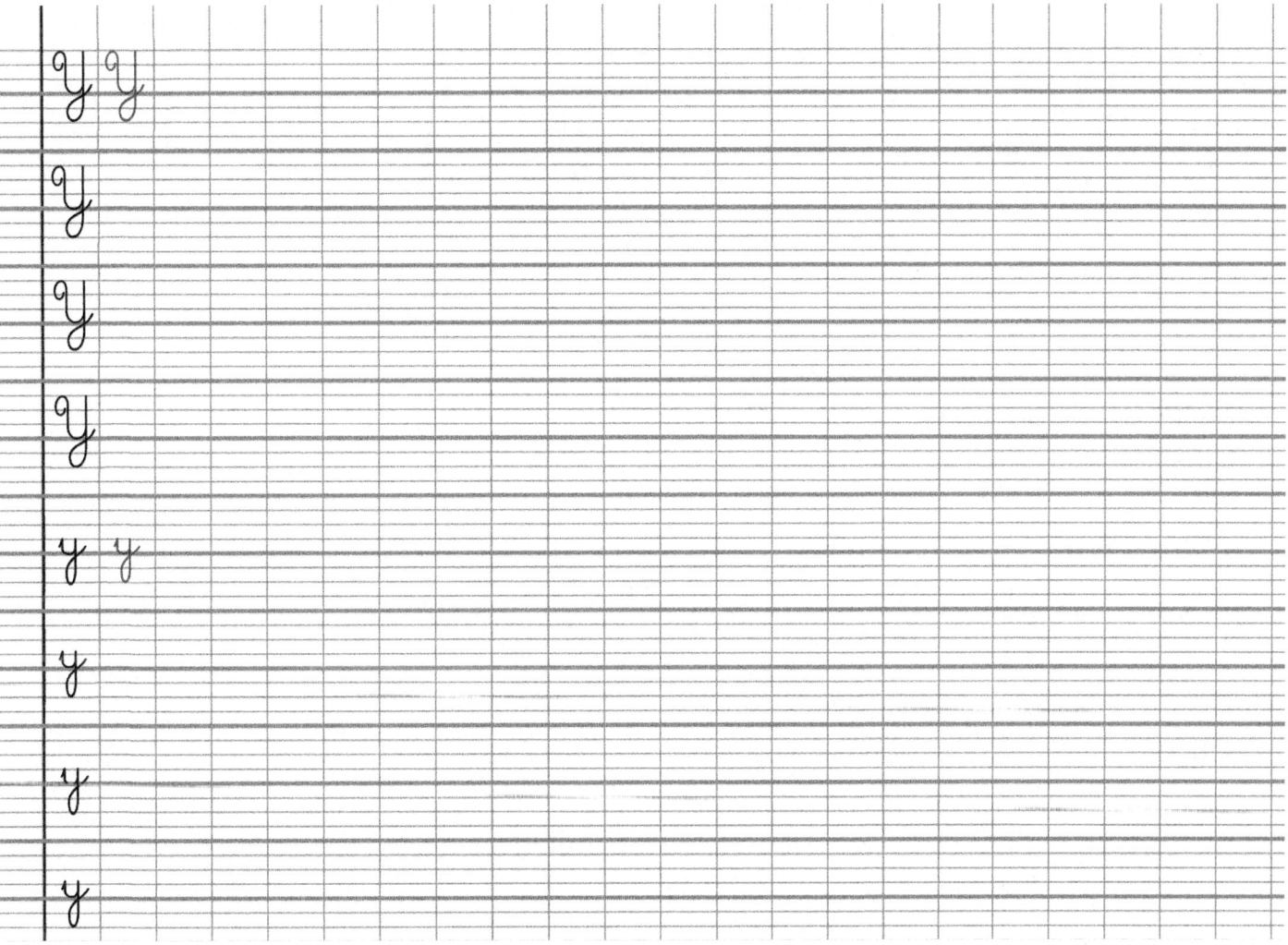

La lettre Z

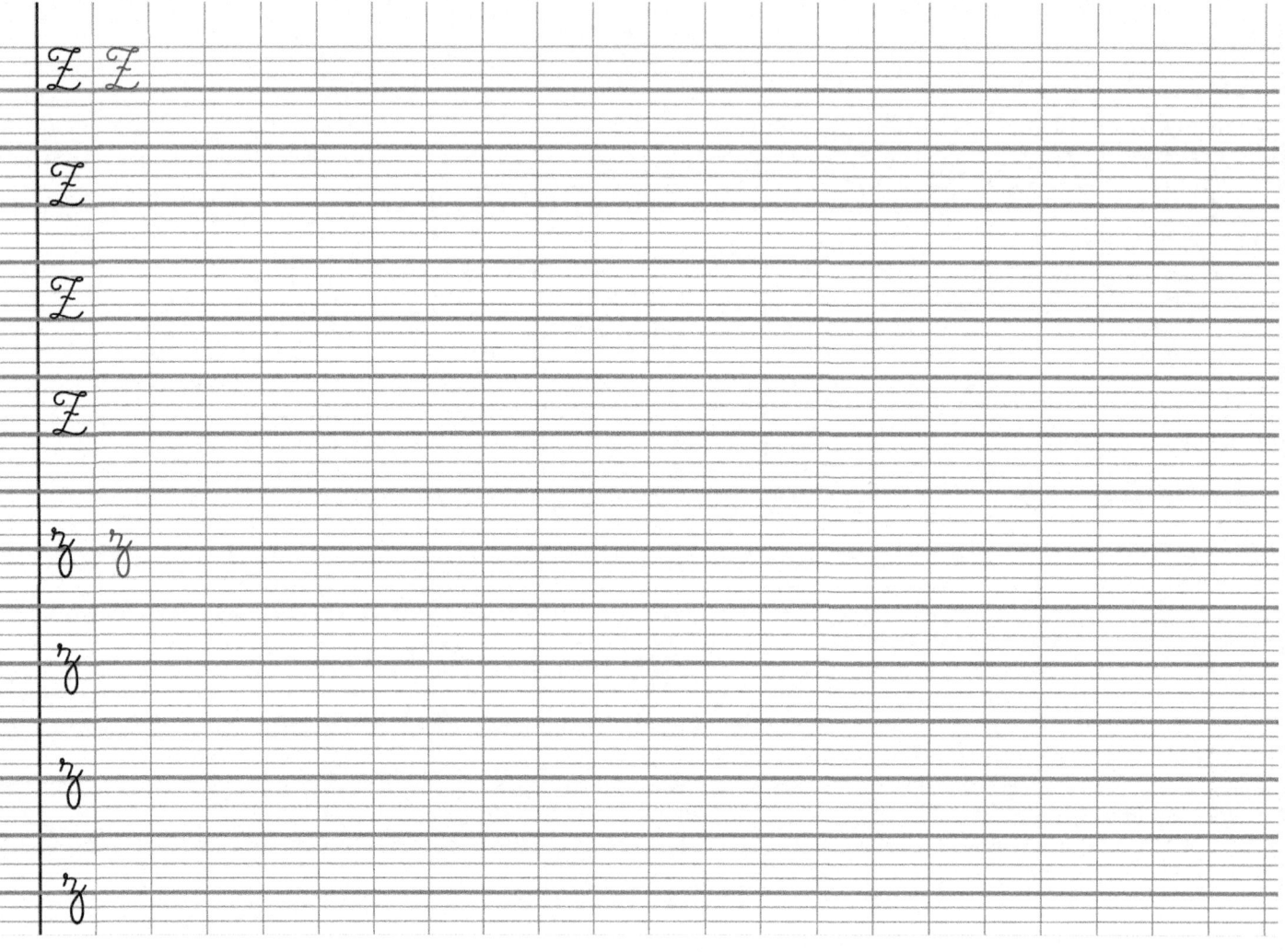

Le chiffre 1

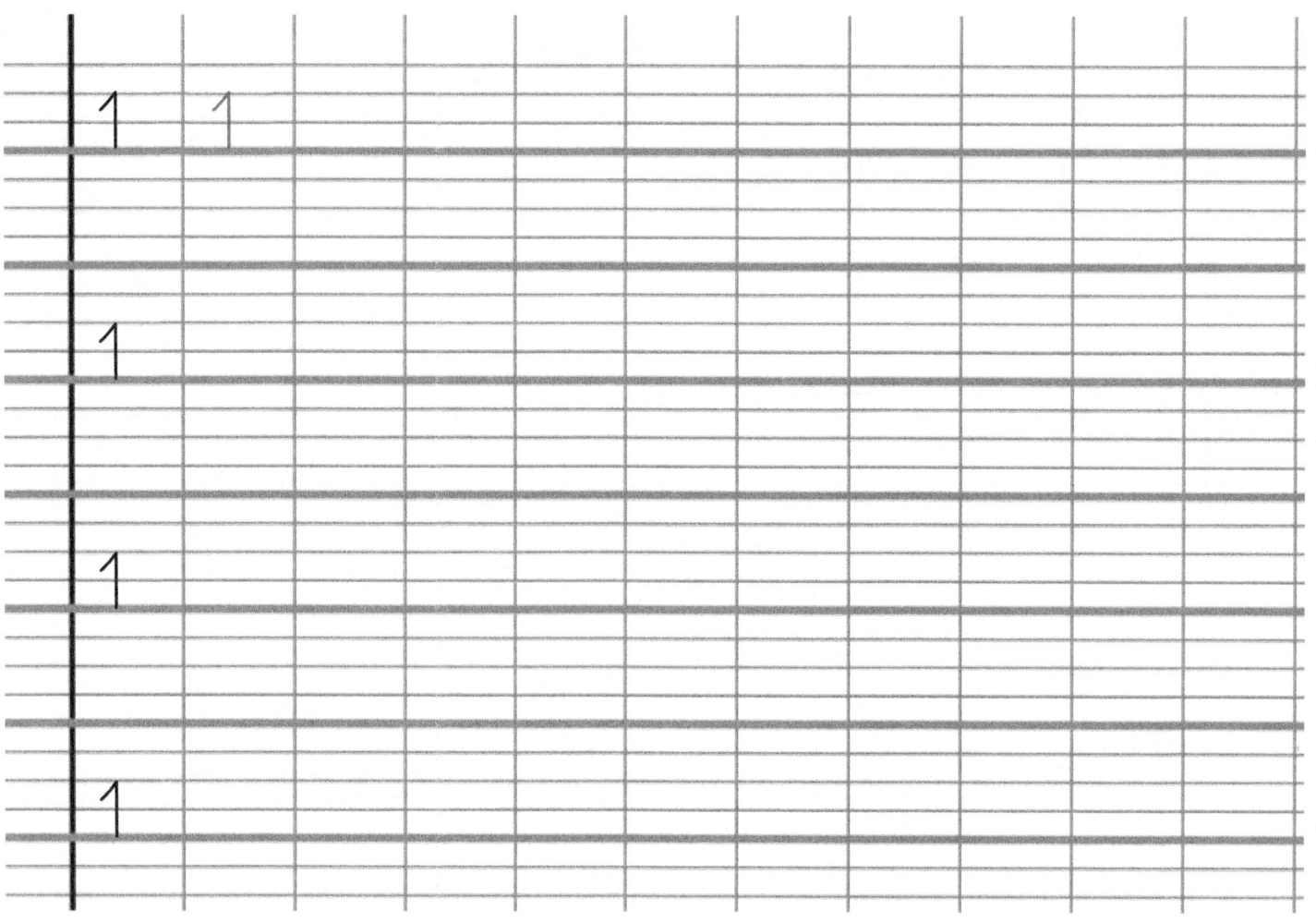

1 1

1

1

1

1

1

1

1

Le chiffre 2

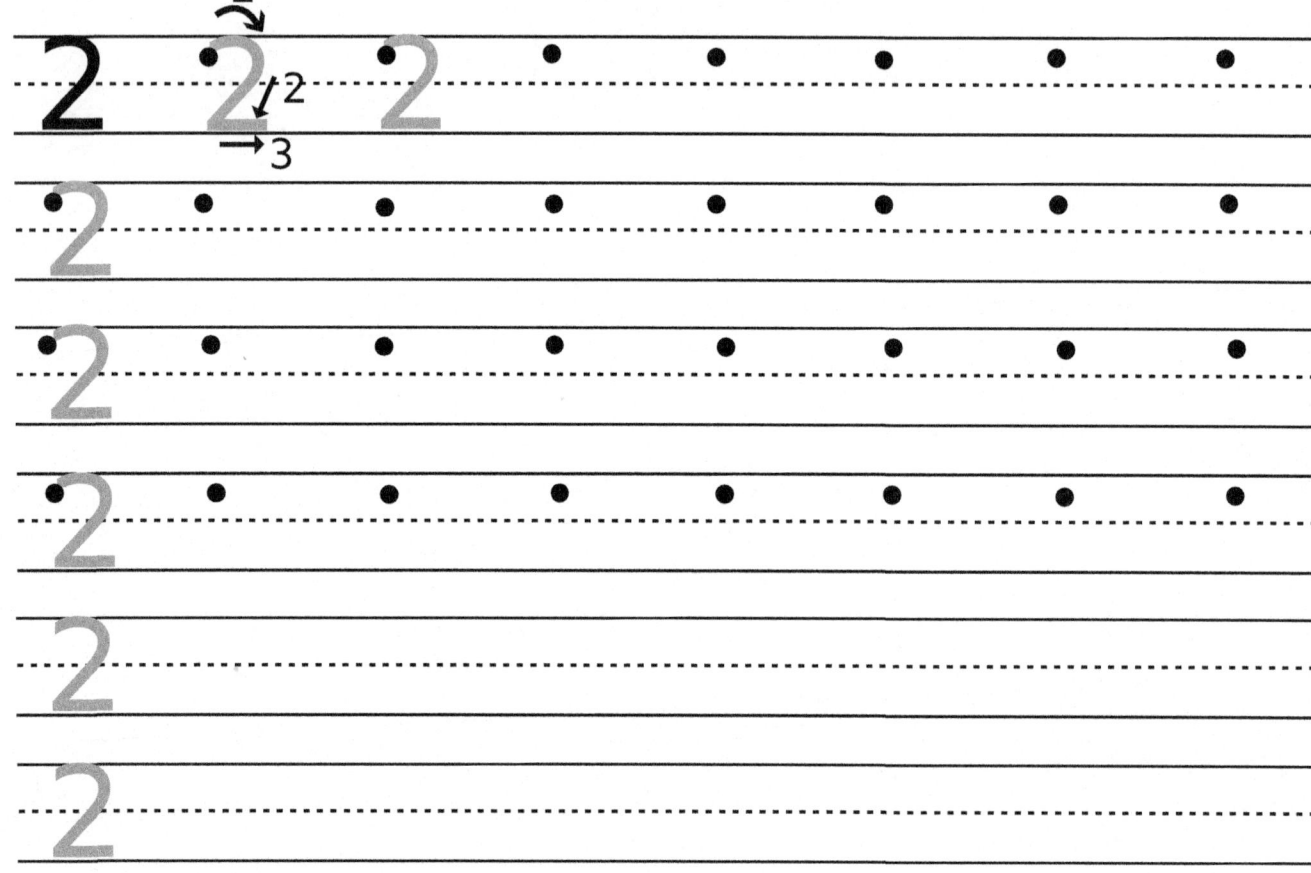

2 2

2

2

2

2 2

2

2

2

2

2

2

2

Le chiffre 3

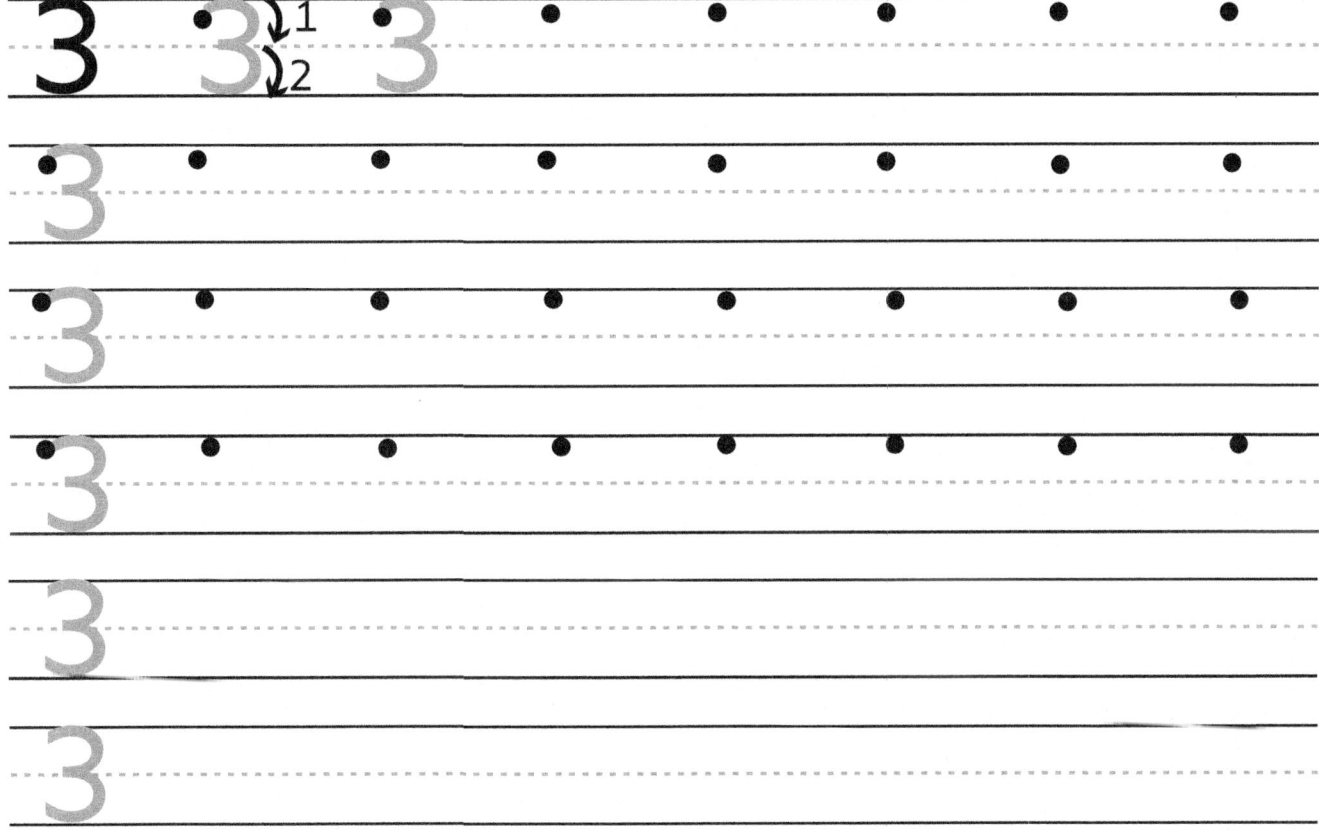

3 3

3

3

3

3 3

3

3

3

3

3

3

3

Le chiffre 4

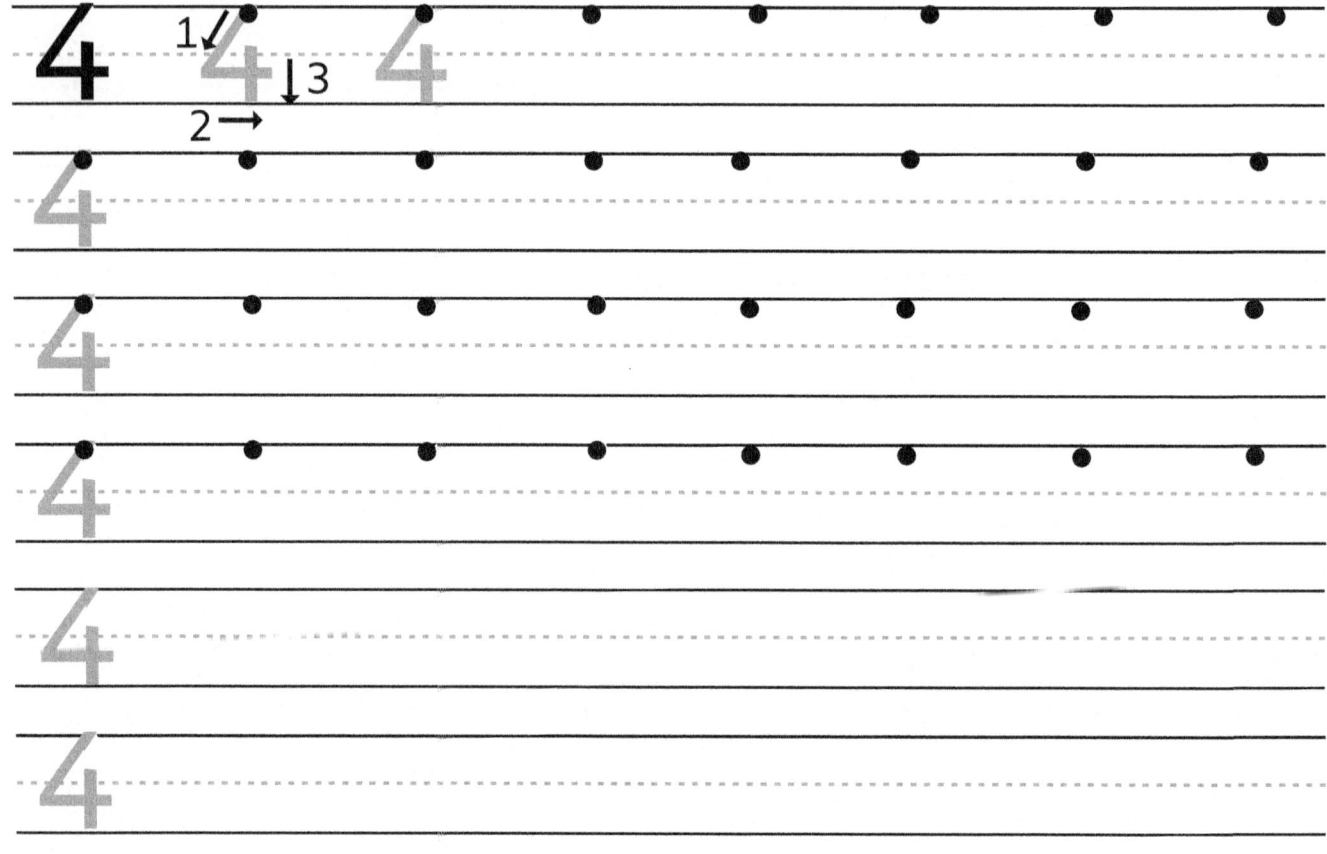

4/4

Le chiffre 5

5 5

5

5

5

5
5
5
5
5
5
5
5

Le chiffre 6

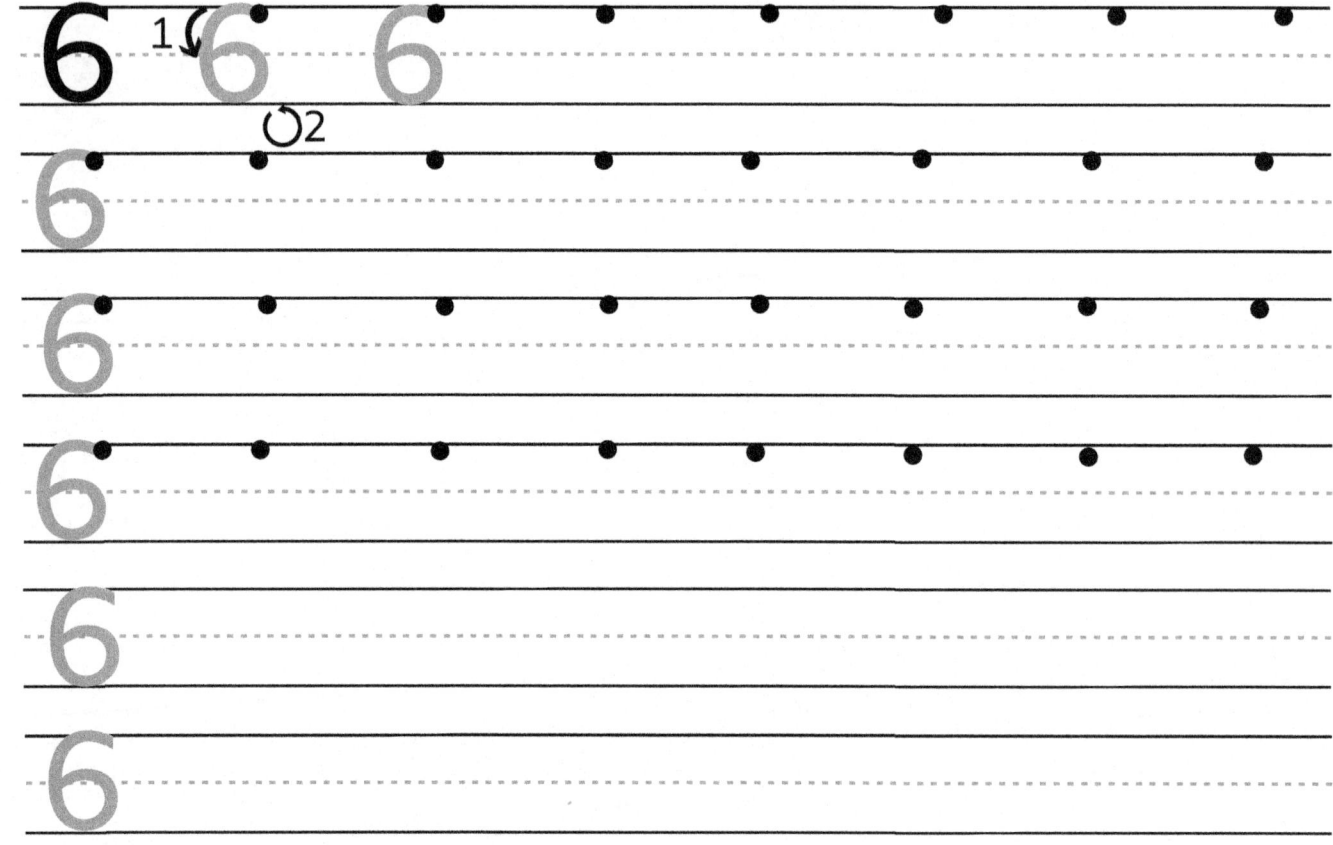

6 6

6

6

6

6 6

6

6

6

6

6

6

6

Le chiffre 7

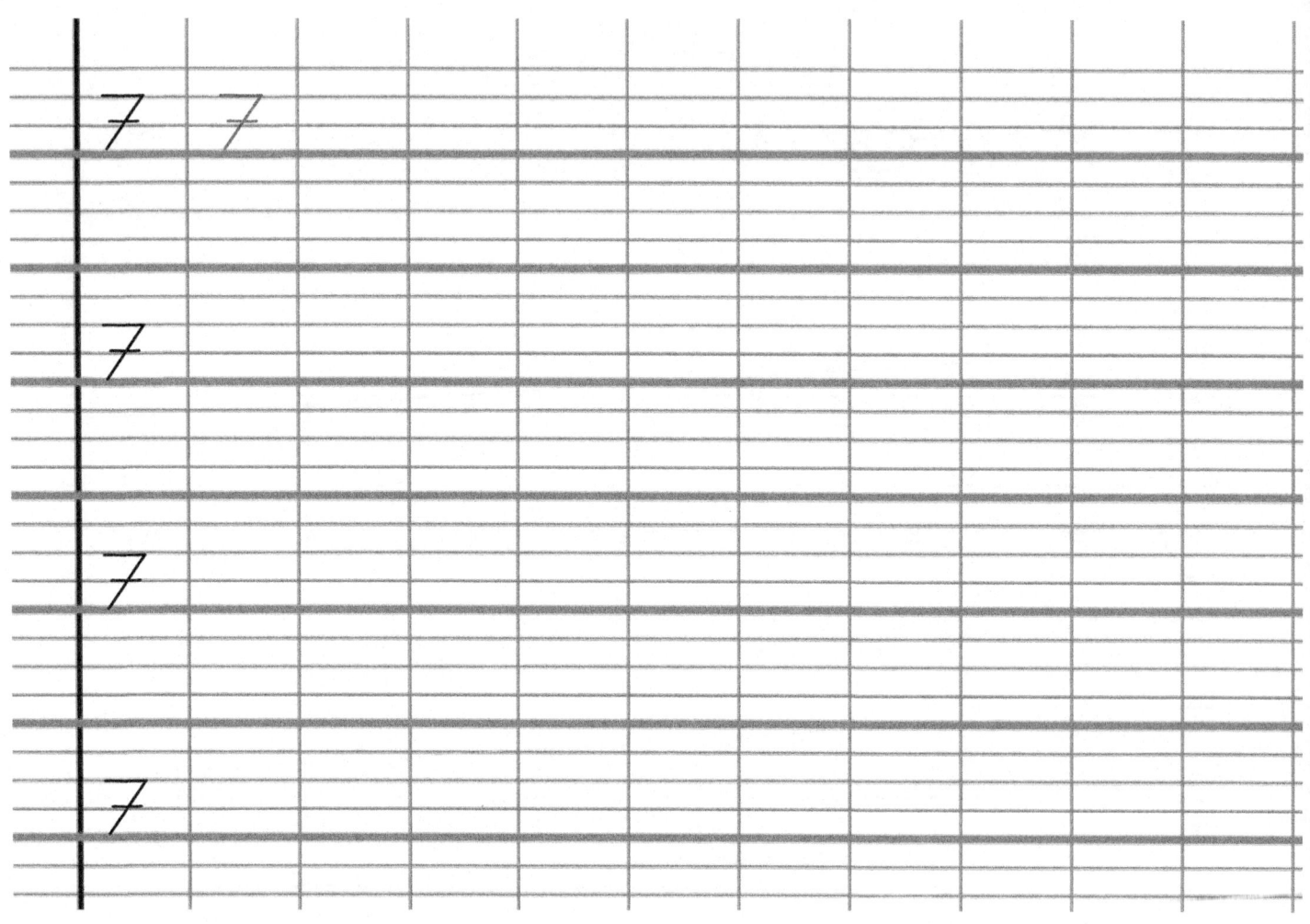

Le chiffre 8

8 8

8

8

8

8	8	
8		
8		
8		
8		
8		
8		
8		

Le chiffre 9

9 9

9

9

9

9 9
9
9
9
9
9
9
9

Le chiffre 0

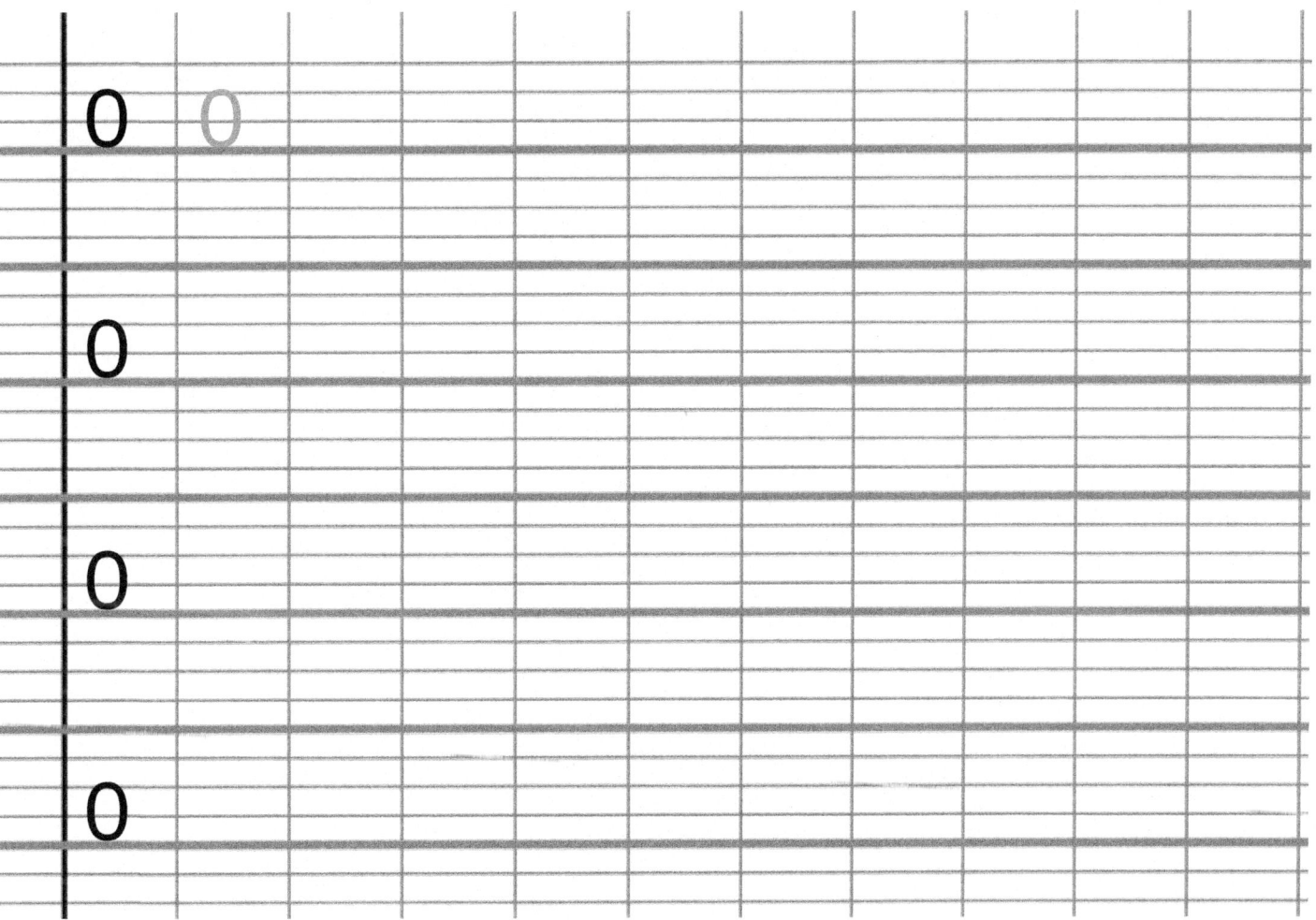

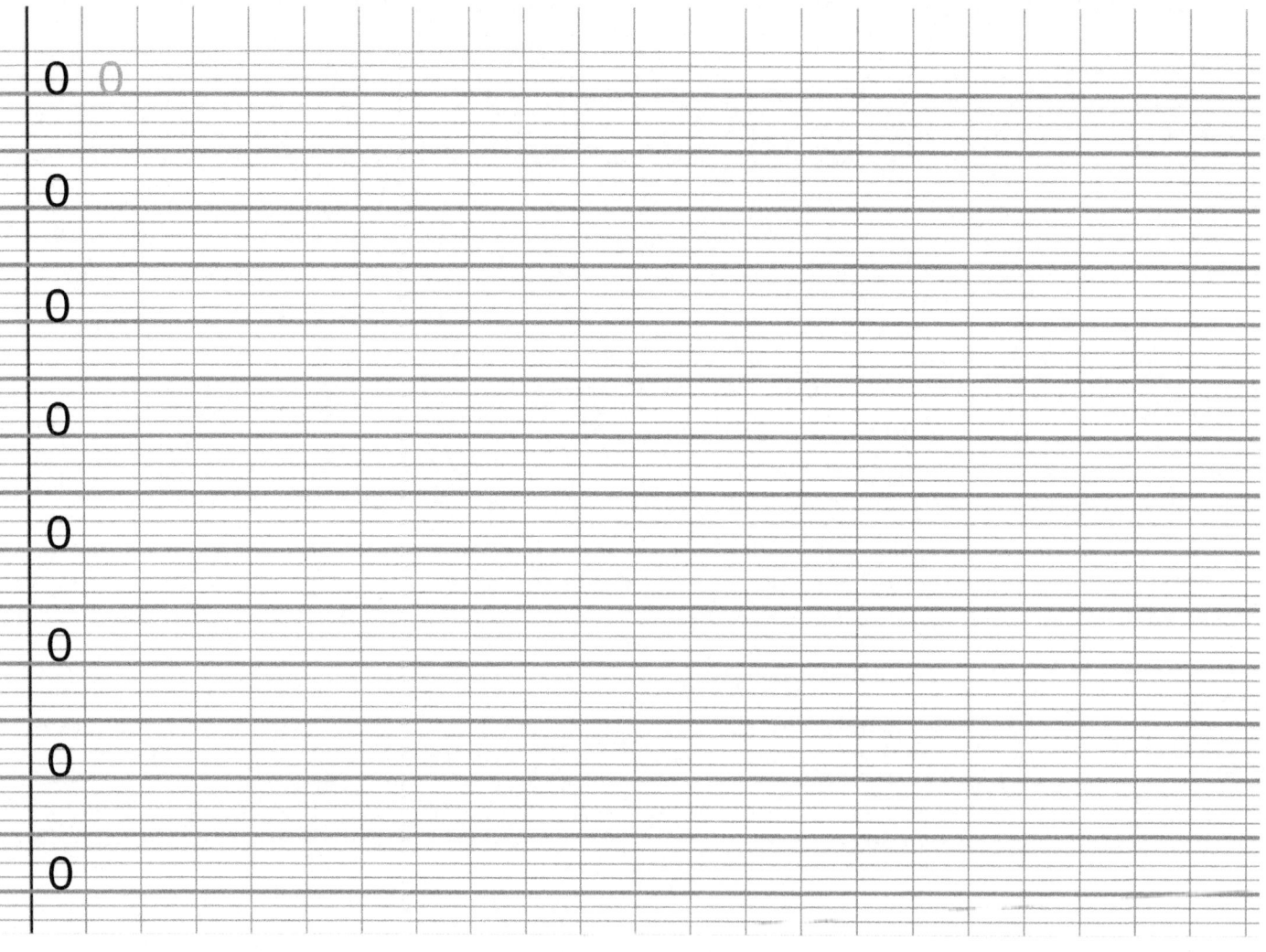

Printed in Great Britain
by Amazon